Q̄ ue hoc volumine
continêtur.
Liber de intellectu.
Liber de sensu.
Liber de nichilo.
Ars oppositorum.
Liber de generatione.
Liber de sapiente.
Liber de duodecim numeris
Epistole complures.

Insup mathematicūopus quadripartitū De Nu:neris Perfectis De
Mathematicis Rosis De Geometricis Corporibus
De Geometricis Supplementis

LE LIVRE DU NÉANT

DU MÊME AUTEUR
À LA MÊME LIBRAIRIE

Le livre du Sage, édition et traduction P. Magnard, 2010

L'Art des Opposés, édition et traduction P. Magnard, précédé d'un essai *Soleil Noir*, Paris, Vrin, 1984.

BIBLIOTHÈQUE DES TEXTES PHILOSOPHIQUES

Fondateur H. GOUHIER Directeur J.-F. COURTINE

CHARLES DE BOVELLES

LE LIVRE DU NÉANT

Introduction, nouvelle traduction et notes
par
Pierre MAGNARD

PARIS
LIBRAIRIE PHILOSOPHIQUE J. VRIN
6, Place de la Sorbonne, V ᵉ

2014

© *Librairie Philosophique J. VRIN,* 2014
Imprimé en France

ISSN 0249-7972
ISBN 978-2-7116-2535-2

www.vrin.fr

LE RETOUR DU NÉGATIF

La force de la négation

C'était bien avant Emmanuel Kant et son fameux *Essai pour introduire en philosophie le concept de grandeur négative,* en 1511 exactement quand Charles de Bovelles publie son *Livre du Néant,* conjointement au *Livre du sage* et à l'*Art des opposés*[1]. La première Renaissance, dans les années 1430-1450 avait connu un dialecticien virtuose en la personne du Cardinal Nicolas de Cues qui professait que le vrai savoir était un non-savoir[2], que Dieu *non-aliud* ne pouvait être visé que par la voie négative, que la raison, affrontée au problème de l'infini cosmique, ne pouvait dépasser ses limites que par la «coïncidence des opposés». Dans le même temps, Léon-Baptiste Alberti célébrait dans son *Momus*[3] l'esprit de dérision, comme si, plus lucide sur l'immensité du défi à

---

1. Voir nos éditions, textes et traductions de ces trois ouvrages, Paris, Vrin, 1982, 1983, 1984. Nous avons donné une nouvelle traduction du *Livre du sage,* chez Vrin en 2010.

2. Notre traduction de la *Docte ignorance,* Paris, Garnier-Flammarion, 2013, p. 9.

3. *Momus ou le Prince,* trad. Cl. Laurens, préf. P. Laurens, Paris, Belles-Lettres, 1993.

relever, il préférait le dieu du sarcasme, propre à démythifier l'Olympe tout entier, à ce Prométhée de noble mémoire qui avait osé voler le feu sacré pour en faire don à une humanité démunie. Quatre-vingts ans plus tard, on assiste au retour de Prométhée : une agriculture intensive qui n'hésite pas à meurtrir les arbres et à violer la terre, une exploitation méthodique du sous-sol minier, une économie dynamisée par une circulation fiduciaire jamais aussi abondante, l'apparition avec l'invention des premiers métiers et l'ébauche d'un système bancaire de concentrations industrielles suscitaient une relation polémique de l'homme avec son milieu. Expression d'une parfaite spécification et d'une heureuse adaptation, le microcosme vole en éclats, laissant l'homme au sentiment d'une démesure qu'il ne peut vivre que sur le mode d'une conscience coupable. C'est le temps de la mélancolie. La figure emblématique, due au burin de Dürer, semble accuser la vanité des sciences et des techniques, dont les outils gisent à même le sol, tandis que le crépuscule tombe sur un monde trompeur. Dürer n'est pas le seul mélancolique ; Marsile Ficin, Jean Pic de la Mirandole conviendront qu'ils souffrent de ce fléau ; c'est véritablement le mal du siècle, un mal de riches, un mal de nantis, qui ne peuvent plus se saisir d'une fortune si proche qu'elle en devient ambivalente, attirante et répugnante à la fois. C'est l'époque des *Tentations*, où le désert lui-même se peuple pour saint Antoine de figures d'une inquiétante beauté, qui laissent le désir interdit. Breughel en sera le spectateur médusé, tandis que Jérôme Bosch en essaiera l'exorcisme en son triptyque du *Jardin de Délices*, où si le Paradis tourne à l'Enfer, c'est pour faire retour à son état premier selon l'entraînement effréné de la ronde de l'humanité autour de la Fontaine de vie, promesse de l'apocatastase. Bovelles, lors de son séjour à Anvers, avait connu les Frères de la vie commune et visité, en son faubourg de Bois-le-Duc l'atelier du peintre inspiré. Il s'en souviendra quand, dans l'*Art des opposés*, il fera de toute différence une opposition qui, poussée à son paroxysme, appelle la résolution, et d'invoquer cette « congyration cachée » en laquelle, par une négation de la négation, le mal le plus noir tourne au bien, quand les combinaisons perverses entre natures désassemblées se redressent en un ordre admirable.

La première phase de l'exorcisme va consister en une première négation portant sur le monde en son ensemble, de ce fait déréalisé et délocalisé, pour n'être plus, comme en un théâtre, qu'une représentation. Au miroir de l'esprit humain, le monde n'est plus qu'un *objectum*. Cette mise en perspective ne saurait cependant s'effectuer sans un redoublement de cette négation, s'exerçant sur le voyant lui-même ou sur le pensant, déréalisé à son tour et délocalisé, afin que non-chose, situé au lieu de nulle chose, c'est-à-dire en un non-lieu, il acquiert cette pureté spéculaire où puisse se produire la représentation[1]. Bovelles sera le premier à désigner cette instance du nom de *subjectum*. Le mot existait certes, mais au sens de simple référentiel de la pensée, du débat ou de la conversation. Pour la première fois, il trouve l'ancrage sémantique qui en fait le « sujet pensant » disposé à distance diamétrale de ce qui est désormais l'objet. On lit dans le *De intellectu*, cap. VIII, pro.7 : « Il est conforme à la raison que vis-à-vis de l'objet soit le sujet, je désigne par ce dernier terme le pouvoir de connaître (*cognitrix potestas*) et la faculté spéculaire (*speculatrix facultas*)[2] ». La déréalisation doit être complète, au point de

1. C. de Bovelles, *Le livre du Sage*, nouvelle trad., Paris, Vrin, 2010, p. 108.
2. N'existe que dans l'édition *princeps*, Paris, H. Estienne, 1511, dont on a un fac-simile, édité par F. Fromann Verlag, Stuttgart-Bad Cannstatt, 1970.

nous interdire de voir en ce *subjectum* un suppôt, un substrat ou une substance, il n'est plus que le site ou point de vue que l'art de la perspective, avec Gauricus et Jean Pèlerin Viator, est en train d'imposer. La délocalisation n'a-t-elle pas eu raison du « lieu » pour ouvrir un « espace » que gèrent les lois de la nouvelle technique perspective ? Comment la représentation eût-elle été possible, sans que le voyant ou le pensant se fût départi du spectacle et opposé en quelque sorte à lui ? On lit dans le *Livre du sage* : « La vraie place du miroir humain est en position frontale, à l'extrémité, à distance et dans la négation de toutes choses, au lieu de nulle chose, où rien n'est en acte, en ce non-lieu où cependant toute apparence doit se produire... Où sont les choses, elles n'apparaissent pas ; où elles apparaissent, elles ne sont pas. Elles sont dans un lieu déterminé faites pour apparaître et apparaissant à l'opposé de ce lieu »[1]. La *negatio* n'en reste pas là, elle se prolonge en *reductio*, transmuant les espèces sensibles apparues au miroir des sens en espèces intelligibles, dignes d'habiter l'entendement. On lit encore dans le *De intellectu* cap. VIII, pro.10 : « L'espèce de la nature sensible tient de l'une et de l'autre nature ce par quoi elle représente (*repraesentat*) également l'une et l'autre ; intelligible elle représente la substance, sensible elle exprime les accidents. C'est pourquoi l'espèce sensible, bien qu'elle ne soit pas simple mais double de nature, peut être résolue, dépouillée, dévêtue de ses accidents et ainsi réduite (*reducta*) à une nature intelligible ». La pensée est un non-être, l'être est un non-pensant. L'exercice de la pensée exige une totale déréalisation de celui qui pense. Il n'est de représentation du monde qu'au regard d'une présence pure,

---

1. *Le livre du Sage, op. cit.,* p. 108.

c'est-à-dire libre de toute prise d'intérêt dans quelque secteur que ce soit de la réalité, de toute participation même, sur le mode de l'avoir ou du pouvoir aux affaires de ce monde. Toute participation engendrerait de la partialité. Il n'est de pensée que dans le retrait. L'orant du vitrail de Sainte Catherine, dans la cathédrale de Noyon, semble en état de lévitation, un peu au-dessus de la terre, dont il paraît vouloir se détacher. Telle est la condition de celui qui pense, les mains jointes dans une supplique adressée au Ciel. Imaginerait-on un penseur faisant main basse sur la réalité ? Telle est cette négation redoublée qui nous donne le binôme sujet-objet.

Geste sacrificiel, cette double négation n'est pas sans nourrir l'anxiété de celui qui a osé l'accomplir. À peine né, le sujet est en mal d'autorité. Est-il en effet justifié à penser ? Sa tentation est de se poser lui-même en auteur, en suivant le chemin qui du *subjectum* conduit jusqu'à l'*ego* : se constituer comme tel reviendrait à agir en son propre nom et à juger de son propre chef. Or ce chemin qui nous semble aller de soi, sans doute parce qu'il a été frayé pour nous par Descartes, Bovelles s'interdit de l'emprunter ; il ne saurait se permettre une telle transgression. On agit par un autre, on juge au nom du père, au nom du roi, au nom de Dieu et non point par soi-même. Le retour sur soi a certes été tenu, depuis les grecs, comme le premier moment de la sagesse ; le symbole phénicien de l'*Ourobouros*[1] en témoigne. Amère et décevante est cependant la saveur de cette sagesse qui pour le serpent mythique consiste à se mordre la queue jusqu'à se dévorer tout entier. Plus sage est l'appel à autrui. Or chaque âme est déjà double, tel le dieu Janus aux deux visages, l'un tourné vers le dehors,

---

1. Symbole de la coïncidence du commencement et de la fin.

l'autre vers le dedans. Il va falloir à chacun un vis-à-vis, le spectateur qui me regarde agir, le directeur de conscience qui m'observe penser. La sagesse est dans cette entr'expression de ces quatre visages, disposés deux à deux face-à-face. L'autre me contrôle mais aussi me confirme en ce que je suis, autorisé par celui en qui je cherche mon reflet, tel Alcibiade au regard de Socrate, et ce face-à-face à l'infini multiplie le regard, comme deux miroirs disposés vis-à-vis s'approfondissent à l'infini. Il n'en faut pas davantage pour que soit posée la question de l'origine, qui parce qu'elle est inaugurale, est seule à disposer de toute autorité. Qui a autorité en effet sinon l'auteur même de mon être ? Telle est la question qui va relancer l'usage de la négation.

La double négation qui pose le sujet au lieu de nulle chose et lui interdit de se constituer en *ego* fait apparaître le manque d'autorité d'une telle instance qui ne fonde pas, puisqu'elle est issue de la déréalisation du monde, et qui ne cède pas à la tentation de prendre sur elle-même de se justifier. Le sujet est dépourvu d'*auctoritas* parce qu'il n'est pas un auteur. S'il n'est pas un auteur, en revanche il doit bien en avoir un. La question se pose chez Bovelles avec une radicalité plus grande encore que chez Descartes, puisqu'il s'agissait pour ce dernier de cautionner l'*ego*, alors qu'ici rien ne médiatise l'éventuelle action d'une cause première. Le sujet ne saurait se recommander que d'une mélancolie, qui s'amplifie en culpabilité prométhéenne, dès que se pose précisément la question de l'origine, à moins que le péché originel ne traduise simplement le sentiment de ne pouvoir se réclamer d'un père . A fortiori, l'exercice de la pensée qui fait basculer le monde dans le rien, pour le réduire à l'état de représentation, ne constitue-t-il pas une répétition de la transgression d'Adam ? Penchons-nous sur le corps du délit pour mesurer le dommage. Le monde, que l'on a cru pouvoir déréaliser, avait sans doute sa raison d'être. Posons donc la question ultime : pourquoi y a-t-il quelque chose plutôt que rien ? La question aussitôt se redouble ou plutôt se déplace : cet insolent « pourquoi » jette le soupçon sur le « quelque chose » mis en balance avec le « rien ». L'être n'aurait pas à produire ses raisons – il se veut raison d'être – non plus que le rien « plus simple et plus facile que le quelque chose » mais précisément ce « quelque chose », cette « res » qui, si peu qu'on la touche, tourne en rien, ne soulève-t-elle pas du seul fait de sa précarité et de son inconsistance la question de son origine ? C'est ainsi que *Le livre du néant* se trouve amené à tracer un chemin vers Dieu : si le « rien » est, *a fortiori* existe le quelque chose ; si le quelque chose est, *a fortiori* existe l'être nécessaire qui, inconditionnellement considéré, s'appelle Dieu. Du néant à l'être et au sur-être, la conséquence est bonne : nous dirons que le néant a une grande force d'inférence. Citons le texte :

> Ce n'est pas seulement à partir de la création, c'est aussi à partir du néant que l'existence de Dieu est légitimement établie et prouvée. De même que nous disons à juste titre : l'homme est, donc Dieu existe, de même, à non moins juste titre, nous disons : le néant existe, donc l'homme et Dieu existent [1].

Le précaire suppose le subsistant, le contingent le nécessaire, le non-être l'être. La négation n'a cessé de jouer, portant sur le quelque chose, puis sur l'ensemble des étants, jusqu'à nous acheminer à l'être nécessaire, à savoir Dieu. Telle est la démarche que l'on appelle apophatique ou théologie négative. Esquissons le mouvement inverse : s'il est une théologie affirmative, elle doit suivre l'ordre de la Création.

---

1. Cf. *infra*, p. 112.

Le *Livre du néant* représente le Créateur sous les traits d'un souffleur de verre, qui insuffle son souffle dans le globe de l'univers et gonfle ainsi la sphère du monde aux dépens du néant qui, sur la gravure, la borde de l'extérieur. La légende est la suivante, énigmatique à souhait : « À partir de la seconde époque, Dieu a pourchassé, repoussé, anéanti le néant qui régnait lors de la première et mis à sa place quelque chose, je veux dire l'univers » [1], où l'on voit que l'univers n'est rien qu'un quelque chose conquis par le souffle divin sur le néant. La création était donc déjà une négation, mais une négation s'exerçant sur le néant et voici que l'être surgit de cette *adnihilatio nihili*. Dieu, dans le récit de la *Genèse,* crée toujours en séparant ; ici il sépare l'être du non-être ; plus précisément il se sépare du néant avec lequel il était depuis toujours en voisinage, cohabitant en quelque sorte avec lui. La force de son souffle a interposé entre lui et le néant cette bulle de verre qui grossit aux dimensions de l'univers. Le monde, structure vitreuse, donne à ceux qui l'habitent de s'interroger sur la ténèbre qui les environne, Dieu ou le néant. Le texte de Bovelles nous laisse dans l'indécision : les deux termes *esse* et *nihil* passent incessamment l'un dans l'autre, faisant la preuve par leur vicariance de leur équivalence. Qui en effet veut se saisir de l'être absolument parlant, de l'être qui n'est rien qu'être, referme la main sur le néant. « Dieu est tout en toutes choses et rien en aucune », disait déjà Denys l'Aréopagite (*Des noms divins,* VII,3, 870-872). Ce qu'il y a de sûr c'est que la Création tient du souffle de Dieu, elle ne repose pas sur le néant. Que veut dire, dans ces conditions, *creatio ex nihilo* ? Ici encore Bovelles s'exprime en énigme :

1. Cf. *infra*, p. 70.

C'est une seule et même vérité que de voir dans le néant une affirmation (*positum*) ou une privation (*privatio*) [...] de quelque façon que l'on envisage le néant lui-même, soit comme désignation d'un être, soit comme désignation d'un défaut, quelque propos que l'on tienne à son sujet, ici comme là on accueille une seule et même vérité [1]

Le néant cache Dieu aussi bien qu'il le révèle. Ne les imaginons pas en conflit ; il n'y a pas opposition manichéenne de deux principes. Mieux vaudrait concevoir avec William Blake un mariage du Ciel et de l'Enfer. Jérôme Bosch, à Bois-le-Duc, aura appris à Bovelles qu'entre le Bien et le Mal il n'y a sans doute qu'un « demi-tour de roue », comme dira un jour Pascal. Ne faisons donc pas du Néant un abîme prêt à engloutir dans sa bouche d'ombre le monde lui-même, mais un simple opérateur logique, dont la négation nous donne l'usage et qui, opposé à l'être, va nous permettre de manifester Dieu.

Dieu a tiré le monde du néant, lit-on en *Macchabées* II. L'acte de foi de la mère des sept frères martyrs a donné lieu au commentaire des philosophes : la *creatio ex nihilo* s'oppose à la *fabricatio de materia* ; Dieu n'est pas le démiurge. La matière retient le geste de l'artisan, opposant une résistance à l'inscription de la forme et limitant par sa puissance passive le déploiement de l'acte. Justement le démiurge n'est pas le Tout-puissant. Celui-ci n'a cure de ce qui fonde, car son pouvoir est sans limite, il n'a pas besoin d'un sol pour y prendre appui et n'a pas à composer avec un quelconque obstacle. Si le néant est ce fond sans fond qui fonde et qui s'effondre, on conçoit qu'il soit, aux yeux de Bovelles, *privatio* aussi bien que *positum*. Gageons toutefois qu'il puisse

---

1. Cf. *infra*, p. 70-71.

être « posé ». C'est ce que fait Bovelles en le plaçant au plan du discours, car il est évident que le néant ne saurait être ni *in natura*, ni *in mente*, mais seulement dans l'inférence (*in illatione*). Si le non-être est, a fortiori doit être l'être dont le non-être est la négation. De même de l'impossible on induit l'existence du nécessaire, du principe celle du stable, du contingent celle du réellement réel.

Si le néant est d'une puissance ontologique nulle, il est d'une force d'inférence extraordinaire : du néant on induit l'être et de l'être Dieu. L'inférence est en revanche impossible de Dieu au monde et à l'homme, du fait que la création librement décidée par Dieu, est absolument contingente. Bovelles peut dès lors bâtir ce syllogisme : « Si le néant existe, toutes choses sont ; si toutes choses sont, Dieu existe ; donc si le néant existe, Dieu existe » [1]. Le néant, c'est bien clair, n'est pas un principe ontologique, c'est un opérateur discursif d'une extraordinaire fécondité et cette fécondité est à mettre au compte de la négation. L'annihilation du monde en fait apparaître l'infinie précarité, la dernière inconsistance, la totale contingence, nous contraignant à nous élever à la considération de l'Unique nécessaire. Bovelles peut écrire : « L'affirmation ne fonde rien, la négation affirme tout. Si l'on dit en effet que Dieu n'existe pas, aucune chose ne peut être, mais si le néant existe, toutes choses sont par surcroît. Si en revanche Dieu existe, il n'est pas du tout nécessaire que quelque chose d'autre soit » [2]. Et d'en tirer cette leçon : « L'être de Dieu est très fécond selon l'ordre de la nature, mais infécond selon l'ordre du discours » [3]. La faiblesse d'inférence de Dieu est à la mesure de son

---

1. Cf. *infra*, p. 113.
2. Cf. *infra*, p. 119.
3. *Ibid.*

immense force créatrice ; inversement le néant, discursive-
ment fécond, reste réellement improductif. Il aura fallu néan-
tiser toutes choses depuis la plus précaire jusqu'à la plus
consistante pour parvenir au suprêmement nécessaire. La
négation aura ainsi tracé le plus sûr chemin vers l'origine qui
seule autorise. Comparant les deux théologies – affirmative
et négative – Bovelles termine son ouvrage en montrant
les mérites respectifs de l'une et de l'autre :

> La théologie affirmative non seulement roule et descend de Dieu à
> la matière, ultime degré de l'être, à travers toutes les réalités
> intermédiaires, mais elle parvient aussi jusqu'au néant et adjoint
> alors à Dieu le nom du néant lui-même, proclamant en toute vérité
> et proférant mystérieusement que Dieu est non-être, lui dont on ne
> peut définir la nature et que nous ne pouvons ni mesurer ni
> concevoir. [1]

Tout nomme Dieu, même le non-être. Cet ultime paradoxe
trouve son élucidation dans le mouvement inverse, celui de la
théologie négative :

> Celle-ci, se dressant vers le haut, nie avec autant de pertinence
> tout ce que la théologie affirmative a posé et imputé à Dieu, en
> disant de Dieu qu'il n'est pas le néant d'abord, ni l'être en
> puissance, ni substance, ni mode, ni la vie, ni le sentiment, ni la
> raison, ni l'intelligence, ni en fin de compte Dieu lui-même… Les
> négations de Dieu, l'ayant dépouillé de toute la diversité des
> choses et du voile de la nature, nous le suggèrent dans sa pureté, sa
> simplicité, sa nudité, tel qu'il réside au plus profond de la nuit,
> dans sa suréminente privation et son inconnaissance. [2]

---

1. Cf. *infra*, p. 137.
2. Cf. *infra*, p. 139-141.

La négation est ce qui nous achemine du monde à Dieu, mais aussi ce qui en dégage la notion dans sa pureté, ce Dieu qui « dé-devient », selon le mot de Maître Eckhart, jamais plus Dieu que lorsqu'il se dépouille de toutes ses prérogatives, perdant tous les titres et toutes les fonctions, dont avait cru devoir l'investir la pensée médiévale, un Dieu qui n'est plus rien que Dieu pour pouvoir naître au cœur de l'homme. La pensée s'achève toujours chez Bovelles en adoration[1].

Le souffleur ne cesse d'insuffler son souffle dans la boule de verre ; le monde est un immense sulfure. Dieu « devient » Dieu en déployant le monde au défaut du néant. Au sein du sulfure géant l'homme s'interroge. Poète, il peut dire avec Victor Hugo : « Je suis le caillou d'or et de feu que Dieu jette/ De sa fronde puissante au front noir de la Nuit ». Le poète cependant est trop manichéen à notre goût. La Nuit en fait s'ouvre indéfiniment pour accueillir l'œuvre illimitée du Tout-puissant, mais cette œuvre le cache au regard de l'homme. Celui-ci doit se souvenir qu'il n'est homme que dans et par la fonction symbolique et que cette dernière n'est que dans l'exercice de la négation. L'imagination ne doit-elle pas dénier à son objet toute réalité pour qu'il ne soit plus que le signe d'autre chose ? Aux yeux de l'homme qui dénie aux choses leur valeur apparente, la Création va pouvoir assumer sa fonction sémiotique qui est d'être l'épiphanie du divin. Les choses ne sont données que pour signifier Dieu. Par une « modification de neutralité », comme dira Husserl, le signe s'efface devant ce qu'il révèle. C'est l'univers entier qui devient langage, mince pellicule de verre qui nous garde du

---

1. On lira avec fruit le bel ouvrage de J. Miernovski, *Le Dieu Néant, Théologies négatives à l'aube des Temps Modernes*, Brill, Leiden, New York, Köln, 1998.

néant et nous laisse voir Dieu. Nicolas de Cues voulait que toute chose nomme Dieu. Rapporter le nom à la chose, fixer l'image à son support sensible, c'est pécher par idolâtrie. Une négation redoublée fait de la représentation cette manifestation seconde d'une présence cachée. Nommer Dieu c'est toujours destituer une créature de son nom pour imputer ce nom à Dieu. Le monde en est désenchanté. Y aura-t-il au monde encore un agneau, y aura-t-il encore une colombe quand le symbolisme sera passé par là ? Maître Eckhart voulait que Dieu éteigne le soleil lui-même pour que l'on voit sa pure et vraie lumière. N'est-ce pas jusqu'au père naturel qui vient à perdre sa pater-nité, pour que Dieu en assume la plénitude ? La dénégation ne s'arrête que sur le seuil de l'absolu. C'est ce pouvoir de dire non qui rend l'homme capable de Dieu.

Revenons sur cette négation portant d'être en être jusqu'à Dieu. Est-ce à dire que Dieu doive être dépouillé de tout être envisagé comme tel ? La négation nous permettrait d'envi-sager un au-delà de l'être. Ainsi s'exprime Plotin quand il pratique l'*aphaïrésis* qui en ôtant les déterminations, bref en niant les négations, conduit au premier principe. L'Un est générateur de tous les êtres et de l'être en général qui est son premier effet. Denys l'Aréopagite pourra établir, à partir de là, que le seul nom qui sied à Dieu est l'Unique, le Seul. Faire de l'être un nom de Dieu est sans doute légitime mais c'est le nommer par ses effets, par ses œuvres, par sa première œuvre, l'être. Nommer Dieu l'être, c'est reconnaître en lui le Créateur du monde. La disjonction de l'Un et de l'être ne doit pas manquer d'être soulignée. L'Un n'est pas l'être. L'être est infiniment relationnel, l'Un est solitaire, il est l'Absolu. Alors que l'être est essentiellement participable, Porphyre dit l'Un

« sans relation ». Proclus le dit « non participable »[1]. L'être est puissance du multiple ; l'unité en revanche n'est pas un nombre, ni la matrice des nombres, elle exclut toute relation. L'Un offre par lui-même une force de négation extrême.

Sur quoi porte cette négation ? Sur l'être, non sur l'être absolument parlant, mais sur les relations qu'il tisse et sur toutes les déterminations qu'il appelle. Or toute détermination est une négation. La négation portée par l'Un vise toutes ces négations que sont les déterminations. Quand on dit que Dieu est l'Unique, on ne veut pas dire qu'il n'implique pas l'être, mais qu'il n'est affecté d'aucune de ces déterminations qui le limiteraient. L'Un est donc la négation de la négation. Maître Eckhart écrit en son *Sermon 21* : « Un est la négation de la négation. Si je dis que Dieu est bon, cela lui ajoute quelque chose, mais Un est la négation de la négation et la privation de la privation. Que désigne Un ? – Un désigne ce à quoi rien n'est ajouté ». Nicolas de Cues en induira que Dieu est le *non-aliud*, le non-autre, ce qui ne comporte pas d'altérité. Toute créature se distingue d'une autre créature : le lion n'est pas le loup, n'est pas la panthère, n'est pas le chacal, etc. Chaque singularité humaine est une infinité de négations pour n'être qu'une seule affirmation. Dieu en revanche n'est pas une somme de négations, il est la négation de toute détermination. Eckhart poursuit : « Dieu est Un et nie toute autre chose, car rien n'est en dehors de Dieu. Toutes les créatures sont en Dieu et sont sa propre Déité et cela signifie une plénitude ». Quand on croit nier quelque chose de Dieu, en fait on écarte de lui une détermination donc une négation.

---

1. Voir notre ouvrage, *Le Dieu des philosophes*, Paris, La Table Ronde, 2006, p. 131.

Ce parcours spéculatif éclaire la *via negationis* que Bovelles a tracée en direction du Créateur. Dans un texte ancien, le *Corpus hermeticum* qui est l'une de ses sources, on peut lire : « Tout l'univers est suspendu à un principe unique et ce principe dépend lui-même de l'Un seul » (*L.X*). Et plus loin :

> Qu'il y a donc quelqu'un qui crée ces choses, c'est évident. Maintenant qu'il soit unique aussi, c'est très manifeste : en effet l'âme est une, la vie est une, la matière est une. Quel est donc ce créateur ? Qui peut-il être sinon le Dieu unique ?... Tu as reconnu que le monde est toujours un, le soleil un, la lune une, l'activité divine une et tu voudrais que Dieu, lui, soit membre d'une série ? C'est donc Dieu seul qui crée toutes choses (*L.XI*).

L'Un est donc créateur. Il est intéressant de voir la création s'inscrire ici dans une tradition jusqu'alors émanatiste. Il est encore plus remarquable de voir les concours que cette notion de création trouve dans une hénologie. Il est d'usage de lier création et participation, celle-ci rationalisant l'économie de celle-là, mais c'est alors se placer sous le signe de l'ontologie. Le primat, accordé ici à l'Un, va permettre de rectifier la conséquence que l'on croit pouvoir tirer de l'émanation d'un jaillissement continu et ininterrompu à partir de l'origine. En mettant l'accent sur la rupture, la création souligne que l'Un n'est pas l'être ; elle accuse une solution de continuité entre le non-participable et le participable. Dire qu'elle s'effectue *ex nihilo*, ce n'est pas dire qu'elle se fonderait sur le néant, comme sur quelque matière et quelque substrat, c'est convenir d'une rupture radicale entre l'Un et l'être. Dieu quand il crée, se trouve de connivence avec le néant, cohabitant en quelque sorte avec lui ; c'est cette expulsion du néant hors de lui, refoulé par delà le monde créé, c'est cette séparation de Dieu et du néant qui constitue la création. Toutes les créatures sont alors fixées dans leurs déterminations. Retrouver le Créateur exigerait que l'on nie ces déterminations et que, pratiquant la négation de la négation, on s'élève à l'absolu du principe. Mais qu'est-ce que le principe en son absolu ? C'est l'Unique, le Seul, auquel Maître Eckhart tente de s'élever, quand il parle d'un Dieu en deçà de lui-même, d'un Dieu originaire, un Dieu non-puissant, non cause, non-créateur, non-autre, non-être, tout environné de néant, tout habité de néant, tout mêlé de néant. Dieu crée le monde à partir du néant, dont alors il se sépare, interposant le monde entre le néant et lui. Cependant pour la créature humaine qui regarde à travers le vitrage de la boule cosmique, le partage est toujours à refaire. Dieu et le néant sont dans un étrange chassé-croisé, que seul l'usage systématique de la négation peut vaincre. Bovelles en retrouvera le thème en 1526 dans son *Divinae caliginis liber*[1] : c'est à travers la création tout entière qu'il appartient à l'homme de viser Dieu ; or la création ne repose pas sur Dieu comme sur un substrat, elle semble surgir du néant comme une figure se détachant sur un fond. L'idée était déjà exposée dans le *Livre du néant* : « Tout ce qui est n'apparaît pas sur fond d'être mais se pose et se donne à voir sur fond de néant »[2]. L'opposition de l'être et du néant est donc le principe différenciant qui permet l'activité discriminante de la pensée. À l'arrière-fond de l'activité perceptive qui discerne les unes des autres toutes les natures, il y a donc ce mixte d'être et de néant que le regard humain devra percer s'il veut atteindre au mystère de Dieu. Toute activité de connaissance constitue donc chez l'homme une imitation de l'activité divine créatrice. L'homme pour

---

1. Lyon, A. Blanchard, 1526.
2. Cf. *infra*, p. 94.

connaître le monde sépare l'être et le néant, jusqu'à se perdre en cette « ténèbre divine » (*divina caligo*), qui traduit le mystère du Dieu d'avant la création, ce « Dieu qui dé-devient ». L'homme ne connaît donc Dieu clairement que dans ses œuvres. L'en-deçà de la création ne saurait être que mystère, car Dieu y règne environné de néant. À ce mystère, en lequel il s'abîme, l'homme fait la preuve qu'il n'est pas lui-même le Créateur du monde.

Nous n'avons fait qu'évoquer l'arrière-fond plotinien, dionysien, eckhartien de cette apologie du néant et de cette euristique de la négation dont Bovelles donne l'exposé le plus systématique que nous ayons trouvé. Nous voudrions simplement à travers trois textes de Maître Eckhart souligner cette valeur fonctionnelle du néant et de la négation.

Le premier texte, tiré du *Sermon 4* nous permettrait d'insister sur le rôle de la négation dans la fonction symbolique, essentiel discriminant entre l'homme et l'animal. Celui-ci reste esclave de l'injonction du signe qui le conduit à l'instigation de son odorat et comme immédiatement vers sa proie. L'homme, que ne guide plus que son regard, doit interpréter à distance les indices qui, soumis à néantisation, deviendront les symboles de ce qu'il cherche ; la mise en œuvre de la négation multipliera les intermédiaires et procèdera à une *adnihilatio* recommencée jusqu'à ce que le terme soit atteint. Ainsi va la quête de Dieu : « Toutes les créatures sont un pur néant […] ce qui n'a pas d'être est néant. Aucune des créatures n'a d'être, car leur être dépend de la présence de Dieu. Si Dieu se détournait un instant de toutes les créatures, elles deviendraient néant ». Toutes les créatures sont des signes de Dieu ; qu'on cesse de viser Dieu à travers elles, elles sont anéanties. La négation du monde constitue celui-ci sur le mode symbolique : le monde est une épiphanie de Dieu.

Le second texte, tiré du *Sermon 71*, décrit l'illumination de Paul sur le chemin de Damas : Paul se relève de terre et, les yeux ouverts, il voit le néant. Eckhart propose quatre lectures de cet évènement : « Il me semble que ce petit mot a quatre significations : quand il se releva de terre, les yeux ouverts, il vit le néant et ce néant était Dieu, car lorsqu'il vit Dieu il le nomma un néant. La seconde signification : lorsqu'il se releva, il ne vit rien que Dieu. La troisième : en toutes choses, il ne vit rien que Dieu. La quatrième : quand il vit Dieu, il vit toutes choses comme un néant ». Ces quatre lectures ne sont pas en alternance, elles se corroborent. Voir les choses en leur principe, ce n'est plus les voir comme telles, c'est voir Dieu. D'où cette nuit obscure dans laquelle l'illumination de Paul plonge le monde ; la cécité de l'apôtre est l'indice d'une voyance supérieure. C'est parce que Dieu est principe de toutes choses qu'il occulte toutes choses. Eckhart précise : « La lumière qu'est Dieu en s'épanchant, rend obscure toute lumière […] Dieu ordonne au soleil de ne pas briller, il a enfermé les étoiles sous lui comme sous un sceau ». On conçoit que Paul, comme tous les mystiques, ceux du christianisme mais déjà aussi ceux du paganisme, aient eu le sentiment de perdre la vue : on ne regarde pas en face le soleil de Dieu. Une autre image cependant retient notre attention, ou plutôt une métaphore. L'aveugle spirituel est comparé à un homme qui serait « gros de néant », au sens où une femme est grosse d'un enfant. « Et dans ce néant, poursuit Eckhart, Dieu naquit, il était le fruit du néant ; Dieu était né dans le néant ». C'est cette « grossesse du néant » qui permettra à Pierre et à Jean, découvrant le « tombeau vide » d'être enfin capables de Dieu.

Le troisième texte, tiré du *Sermon 5b*, propose une énigme :

Que l'on prenne un charbon ardent et le pose sur ma main. Si je disais que le charbon brûle ma main, je lui ferais vraiment tort. Si je veux parler justement de ce qui me brûle, c'est, dirais-je, le néant qui le fait, car le charbon a en soi quelque chose que n'a pas ma main. Voyez, c'est ce même néant qui me brûle. Si ma main avait en soi tout ce qu'est le charbon et ce qu'il peut réaliser, j'aurais absolument la nature du feu. Celui qui prendrait alors tout le feu qui brûla jamais et le secouerait sur ma main, celui-là ne pourrait pas me faire mal.

C'est parce que je n'ai pas la nature du feu, que le feu me brûle. Je ne dois donc pas cette brûlure au feu lui-même mais au fait que je suis non-feu, donc à une négation qui traduit une de mes déterminations. Ce sont mes *déterminations* qui me rendent passible des atteintes des choses qui m'entourent. Si en revanche je pouvais lever ces déterminations, les nier elles qui ne sont que des négations de mon être, en suspendre la passivité, m'en affranchir, alors je ne serais plus sous la dépendance de quoi que ce soit. Corps unanime, fait de tous les corps et de tous les éléments, corps tissé d'étoiles, corps spirituel, corps glorieux, je passerais à travers le feu, faisant la preuve, en cet autodafé, de mon invulnérabilité. Cernée de négations, la créature y trouve sa condition même ; seule la négation de ces négations peut lui permettre d'accomplir son passage en Dieu (*deificatio*). Le retour du négatif offre à l'homme la seule voie qui lui permette de se réaliser en plénitude.

LA GLOIRE DE L'INFIME

L'ouvrage s'ouvre sur la question *Quid nihil* ? Le néant ne saurait être ici confronté avec l'être, dans l'opposition fracassante de deux entités contraires, quand la dissonance des deux termes vient traduire cette avancée du croyant en une région du savoir où le principe de contradiction ne joue plus, cette région étant celle de l'expérience religieuse. Reprenant un texte cher à Bovelles, auteur d'un *De raptu Pauli*[1], revenons sinon à Maitre Eckhart, du moins à Luc, dans les *Actes des apôtres*, 9, 8 : « Paul se releva de terre et, les yeux ouverts, il vit le néant ». Nous avons vu la lecture qu'avait donnée de ce mot le maître thuringien en son sermon latin 71. La notion de néant rapportée, tour à tour à Dieu et à la créature, joue son rôle discriminant pour traduire la disproportion de l'un à l'autre et le caractère suressentiel de la divinité. Comment, traitant du ravissement de Paul, Eckhart ne l'interprèterait-il pas à travers les dires de celui qu'il pense être son disciple direct, « ce lumineux Denys », qui dit de Dieu : « Il est au-dessus de l'être, il est au-dessus de la vie, il est au-dessus de la lumière »[2] ? On ne peut dès lors exprimer Dieu que par des négations : Il est la lumière qui brille dans les ténèbres, qu'on ne saurait voir qu'en aveugle, dans l'effacement de toutes les créatures. Voir Dieu

1. Ce texte publié par Simon de Colines à Paris en 1531 est en fait une lettre de Bovelles à Innocent Guénot du 1 août 1530 et a été, à ce titre, publié par Jean-Claude Margolin, dans ses *Lettres et poèmes de Charles de Bovelles,* Paris, Champion, dont il constitue la pièce 48, p.80-107. On se reportera à la très riche annotation donnée de ce texte par J.-Cl. Margolin, p.501-577.

2. Trad. J. Ancelet-Hustache, Paris, le Seuil, 1979, t.III, p.75.

c'est ne rien voir, car en Dieu toutes les créatures sont néant. Que désigne donc ce terme? Dieu ou la créature? L'un et l'autre en regard de notre cécité, car nous voyons et nous ne voyons pas, entendons sans entendre, comme le rappelle la lettre de Bovelles à Innocent Guénot du 20 août 1533[1]. Reprenons le texte de cette lettre : « Dans le premier récit, les compagnons de Paul entendirent la voix mais ne virent personne. Dans le second, ils virent la lumière, sans entendre la voix », et Bovelles de rapprocher cela de la révélation de Dieu au Sinaï : « Ils entendirent la voix de Dieu et ne l'entendirent pas, ils virent Dieu et ne le virent pas ». Cette contrariété interne à la vision comme à l'audition fait du « ne pas voir » un « voir le rien », où le rien devient la plus juste désignation de ce qui s'impose à notre vision, tout en la confondant, jusqu'à la frapper de cécité. Certes, le *Divinae caliginis liber* n'est que de 1526, le *De raptu Pauli* de 1531, les *Agonologiae Jesu Christi* de 1533, mais l'inspiration dionysienne est déjà là, travaillant en profondeur tout le recueil de 1511, auquel appartient le *Libellus de nihilo*. Le néant désormais s'ajoute au riche écrin de synonymes, dont spirituels et philosophes ont fait le tabernacle où se cache le mystère de Dieu.

Charles de Bovelles n'aura donc pas introduit en philosophie le concept de grandeur négative. Il n'entend pas opposer à l'*ens* un *neg-ens*, créditer d'une réalité similaire un autre monde qui serait du nôtre la figure inversée et contraire. La négation reste chez lui un agent de différenciation et de dépassement, propre à nous faire apparaître un étagement de plans de réalité disproportionnés les uns aux autres. La leçon vient de Denys l'Aréopagite, dont l'œuvre est l'objet d'une

---

1. Éd. J.-Cl. Margolin, *op. cit.*, p.11.

transmission continue du Haut Moyen-âge à la Renaissance. Le premier maillon de la chaîne est Maxime le Confesseur (580-662), relais des plus féconds et des plus originaux. Citons sa *Mystagogie* :

> Par suite de son sur-être, le nom qui convient le mieux à Dieu est le non-être Et s'il nous faut reconnaître la distance absolue entre Dieu et ses créatures, il faut que la négation de ce qui est soit l'affirmation de son sur-être et que l'affirmation de ce qui est en soit la négation. Il faut que les deux noms d'être et de non-être se disent à son propos conformément à la droite doctrine, sans qu'aucun puisse l'être au sens propre : d'une part, les deux lui conviennent au sens propre, à savoir la thèse qui affirme l'être de Dieu en tant qu'il est cause de ce qui est et celle qui, en vertu de la suréminence de la cause, nie totalement l'être de ce qui est ; d'autre part, en revanche, aucune loi ne lui convient au sens propre, aucune n'établissant l'affirmation de ce qu'est l'être en question selon son essence même et sa nature » (664 b c) [1].

Dans le droit fil du traité dionysien des *Noms divins*, qu'il avait commenté, Maxime fait de la distinction être/non-être le discriminant d'une dénomination de Dieu que tout exprime sans que rien ne le désigne en propre : il est, car est-il un seul prédicat de l'être qu'on lui puisse ôter, et il n'est pas, car il n'est réductible à aucune de ses déterminations. Pour être décisif, Maxime n'est cependant qu'un moment. La renaissance caro-lingienne tiendra essentiellement à la redécouverte des lettres grecques à partir de l'envoi en 827 du corpus dionysien par l'empereur byzantin Michel le Bègue au roi Louis le Débonnaire. D'Hilduin à Jean Scot Erigène, de Maître Eckhart à Nicolas de Cues, le dionysisme n'aura cessé de s'enrichir

---

1. Trad. M.-L. Charpin-Ploix ; éd. « Les pères dans la foi », Paris, Migne, 2005.

de gloses et de commentaires. Bovelles accède au *corpus dio-nysiacum* par l'édition donnée en 1499 par Jacques Lefèvre d'Etaples de la traduction établie par Ambroise Traversari entre 1431 et 1437 , qui parut à Paris, chez J. Mignon et W. Hopyl, sous l'intitulé *Theologia vivificans. Cibus solidus. Dionysii coelestis Hierarchiae, divina nomina, mystica theologia, undecim epistolae.* Le porche qui ménage à Bovelles cet accès n'est rien d'autre que l'édition des oeuvres de Nicolas de Cues, dont Jacques Lefèvre d'Etaples a confié à Beatus Rhenanus la collation, avant de les publier à Paris, chez Josse Bade en 1514, sous l'intitulé *Haec accurata recognitio Trium Voluminum Operum Clarissimi P. Nicolai Cusae.* C'est donc sur un Denys acheminé par une tradition vivante que prend appui Bovelles, voyant encore en lui le disciple de Paul prêchant sur l'Aréopage et le mémorable évêque d'Athènes et de Paris, au point d'en faire la «ferme colonne des anciens théologiens». Voici donc la négation replacée dans un horizon de «théologie négative», qui en règle strictement l'usage. C'est dans ce cadre que nous devons donner une juste appréciation de ce que recouvre le mot *Nihil.*

Le *De nihilo* de Bovelles, pour s'inscrire dans cette très ancienne tradition, semble aussi inaugurer une riche période de poésie métaphysique qui , allant de 1550 à 1650, va multiplier les gloses et les variations sur le *nihil.* Nous devons à Carlo Ossola un excellent livre, qui en recense les principales manifestations, sous le titre *Le antiche memorie del nullo*[1]. Un travail lexical considérable s'y fait jour, tant chez les poètes néo-latins d'origine française tels que Philippes Girard, Jean Passerat ou Jacques Gaffarel que chez les auteurs italiens tels

---

1. Roma, Edizioni di storia e letteratura, 1997.

que Giuseppe Castiglione, Luigi Manzini ou encore Marin Dell'Angelo. Certains de ces auteurs citent même Bovelles, comme c'est le cas de Jacques Gaffarel dans un texte majeur en raison même de son projet définitionnel : *Nihil, fere Nihil, minus Nihilo, seu de Ente, non Ente et Medio inter Ens et non Ens Positiones XXVI* (Venise, 1634). Ce qui est en cause c'est l'usage même du mot *nihil*. Lisons la proposition I : « Le mot *nihil* ne peut proprement entrer dans la prédication ni donner lieu à un énoncé, du moins en latin ; dire en effet *Nihil est Nihil* suspend l'usage de la copule *est*, qui signifie strictement parlant qu'une chose (*res*) est dans la nature ou au moins dans l'entendement, alors que *nihil* n'est nulle part » [1]. Or nous voici, par ce texte, confronté au titre du premier paragraphe de l'ouvrage de Bovelles : *Nihil nihil est*. Comme le rappelle Jan Miernovski dans son *Dieu néant* [2], « Il existe deux lectures, chez Bovelles, de cette proposition : selon la première, négative, le néant n'est nul être, autrement dit « le rien est vraiment rien ». Selon la seconde, positive, tout être est quelque chose, ou, si l'on veut, rien n'est rien. Ces deux propositions sont équipollentes et également vraies » [3]. C'est ce que dit précisément ce premier paragraphe :

1. *Le livre du Sage, op. cit.,* p. 161.
2. *Le Dieu-Néant, Théologies négatives à l'aube des temps modernes,* éd. cit., chap. v, *Nihil nihil est*, le néant et l'être, Charles de Bovelles, p. 71-89.
3. *Ibid.,* p. 78.

Le rien n'est pas quelque chose, ni ceci, ni cela, ni quoi que ce soit d'autre, il n'est aucun être. Le rien n'est nulle part, ni dans l'esprit, ni dans la nature des choses, pas plus dans le monde intelligible que dans le monde sensible, ni en Dieu ni hors de Dieu en quelque créature. Tout être est un être, tout être est quelque chose. (p. 41 de la 1 ère éd.)

Quel statut donner au rien dans une métaphysique du plein ?

Le débat sur le non-être remonte au *Sophiste* de Platon ; créditer le non-être d'une réalité reviendrait à accorder à l'adversaire la chance d'une esquive, ce qui minerait la position du philosophe. La négation doit être entendue ici comme la suspension d'une relation : si x n'est pas y, il peut être une infinité d'autres choses. Il n'y a pas de non-être absolu à moins que l'on ne dispose d'un pouvoir de nier porté à l'infini, mais pourquoi l'homme se laisserait-il toujours séduire par celui qui toujours nie ? Certes, l'hétérodoxie a toujours flirté avec le néant, ayant tendance à substantifier le Rien comme elle se plait à le faire du Mal. On cite Frédégise de Tours dont l'ouvrage intitulé *De substantia nihili et tenebrarum* est tout un programme. Il faudra bien convenir un jour qu'eu égard à la foi, le nihilisme est pire que l'athéisme. On oublie que l'ablation de toutes les formes fait de la matière non pas un pur non-être, mais un être en puissance et que la ténèbre divine n'est pas un défaut de clarté, mais le simple indice de la cécité de l'homme, qu'aveugle l'éclat d'une lumière transcendante et, de ce fait, inaccessible. Ce n'est pas que l'antithétique de Dieu et du néant n'ait hanté le Moyen-âge. On en trouverait le règlement dans la proposition XIV du *Livre des 24 philosophes* : « Dieu est le contraire du néant par la médiation de l'étant »[1],

---

1. Trad. F. Hudry, 2 e éd., Paris, Vrin, .

ce que Maître Eckhart, dans son *Expositio sancti evangeli secundum Johannem*, commente ainsi : « L'univers tout entier comparé à Dieu est comme le néant comparé à l'univers, de sorte que l'univers, c'est-à-dire tout étant, est comme un milieu entre Dieu et le néant »[1]. Il faut noter que c'est à la créature, par son ambivalence, qu'il appartient de poser respectivement l'être et le néant. Dieu en revanche n'a pas d'opposé. Comme l'écrit Vladimir Lossky : « l'Être absolu n'est pas la contre-partie du néant… L'opposition de Dieu au néant n'est possible que dans son action créatrice, c'est-à-dire par l'intermédiaire de l'être créé : Dieu oppose l'être de toutes choses à leur néant initial. La situation médiane de la créature – *quasi medium inter Deum et nihil* – suppose une double opposition de l'*ens* créé : opposé à Dieu, la créature est néant, opposée au néant, elle est l'être produit *ex nihilo* par l'action toute-puissante de Dieu, le *omnia* qui s'oppose au *nihil*[2]. Comme le répète Wolfang Wackernagel dans *Ymagine denudari*[3] : « Pris en dehors de son action créatrice, Dieu n'a pas d'opposé », tandis qu'il appartient à la situation médiane de la créature de faire surgir, par son ambiguïté, la seule opposition possible. Cette situation médiane de la créature avait été mise en évidence par Nicolas de Cues : « La créature, qui est par l'être, ne tient pas ce qu'elle est – sa corruptibilité, sa divisibilité, son imperfection, sa variabilité, sa pluralité… – du maximum éternel, indi-visible, très parfait, indistinct et un, ni de quelque cause positive… Que son unité soit dans la pluralité, sa distinction

---

1. L. W. III, p. 185.

2. *Théologie négative et connaissance de Dieu chez Maître Eckhart*, Paris, Vrin, 1973, p. 74.

3. *Ymagine denudari, Ethique de l'image et métaphysique de l'abstraction chez Maître Eckhart*, Paris, Vrin, 1991.

dans la confusion, sa relation dans la discordance, elle ne le tient pas de Dieu, ni de quelque cause positive, mais de la contingence. Qui donc en appariant dans la créature à la fois la nécessité absolue par laquelle elle est, et la contingence, sans laquelle elle n'est pas, peut comprendre l'être de cette dernière ? Il semble que la créature, qui n'est ni Dieu ni le néant, soit pour ainsi dire après Dieu et avant le néant, entre Dieu et le néant, car comme le dit l'un des sages : « Dieu s'oppose au néant par la médiation de l'être »[1]. C'est la formule même du *Livre des XXIV philosophes*.

Voici donc le *Libellus de Nihilo* éclairé en amont comme aussi en aval, inscrit dans la tradition vivante, dont il devient la cheville ouvrière. Le voilà susceptible de fonctionner. Ce repérage effectué, le cahier des charges de la traduction est constitué. Comment cependant traduire *Nihil* ? Rien ou néant ? Rien, du latin *rem*, connote l'infime, l'insignifiant, l'indéterminé, l'indifférencié. *Nihil,* de *ne-hilum*, désigne un moins que rien. Selon le *De verborum significatione* de Sextus Pompeius Festus, *hilum putant esse quod grano fabae adhaeret, ex quo nihil et nihilum*, tandis qu'à en croire Varron *hilum* désigne la moëlle d'une tige d'asphodèle. Incertitude ? Ambiguïté ? Le tégument ou le germe, l'enveloppe ou le principe vital, la paille ou le grain ? Maître Eckhart n'avait-il pas utilisé l'image de la moelle pour figurer justement la « négation de la négation », dont le propre est d'atteindre *per ablationem* l'être suressentiel par delà toute réalité ? Le « rien », dans ce cas, désignerait la quintessence. En conséquence, une fois conjurée la tentation de substantifier le principe négatif en un contraire de l'être, on peut user du mot « néant », sans

1. Nicolas de Cues, *Docte ignorance*, *op. cit.*, II, 2, p. 109-110.

renoncer toutefois aux vertus sémantiques du mot « rien » qui laisse soupçonner dans l'infime la promesse d'une plénitude, d'un infini, d'un absolu. Un simple brin de paille dans l'étable en hiver rouvre la saison improbable des moissons à venir.

Ce long exercice définitionnel nous conduit à nous interroger sur le sens et la portée de ce petit ouvrage. Une appropriation véritable du droit usage du mot *nihil* nous garde des prestiges d'un nihilisme récurrent, qui ne fera que se développer dans la suite des siècles. Augustin, guide de notre Occident, induisait du « Mort, où est ta victoire ? » de Paul ce principe « *Vincit enim essentia nihilum* » (*De vera religione*, 12, 25). Comme le fait remarquer Emilie Zum Brunn[1], les choses se transforment, croissent et diminuent sans être jamais entièrement détruites, parce que leur tendance au néant est mise en échec « par ce qui leur reste de forme », selon la formule du *De libero arbitrio* II, 17, 46. L'*adnihilatio* par la mort et par le péché conduit à un *minus esse* et non pas à un *non esse* : « L'âme ne parvient pas à n'être plus rien et à mourir tout entière » (*Contra Secundinum*, 15). La damnation est comme un anéantissement qui ne parviendrait jamais à son terme. On voit ainsi dans quel registre il faut placer les mots de *nihilité* ou de *dénéantise* qui, de Guillaume Briçonnet à Montaigne et de Bérulle à Pascal, donnent leur accent au discours sur « l'humaine condition ». Ici cependant saint Paul est moins lu à travers Augustin qu'à travers Denys, dont, tout récemment encore (1512), Josse Clichtove, en son apologie de *divus Dionysus*, reprend la « théologie négative » et fustige à l'occasion Valla et Erasme, qui avaient douté de l'authenticité

---

1. *Le dilemme de l'être et du néant chez saint Augustin, Des premiers dialogues aux Confessions*, Amsterdam, Verlag B.R. Grüner, 1984, p. 70 *sq*.

des écrits du saint évêque et martyr. Si l'on se souvient que l'accès à l'œuvre de Denys, dans l'école de Jacques Lefèvre d'Etaples, est la lecture du Cusain, on devine que le thème privilégié sera précisément celui de la théologie négative.

C'est l'occasion de faire retour à l'image qui est au cœur de l'ouvrage, celle de Dieu créateur figuré en souffleur de verre. Ainsi Dieu emplit de son esprit le globe de l'univers, repoussant en quelque sorte le néant au pourtour de la sphère du monde. Toutes choses créées, « le néant cessa d'être », lit-on p. 67. Est-ce à dire qu'avant la création, Dieu était confronté au néant et que, depuis, il en est comme séparé et gardé par la fragile barrière d'une mince pellicule de verre soufflé ? Faut-il admettre que la création se déploie dans un immense vide, le néant, n'étant rien, ne lui opposant aucune résistance ? Mais si Dieu est l'être infini en acte, le néant est le non-être, lui aussi, infini en acte. Pourtant l'œuvre de la création n'est pas infinie en acte, car alors elle serait égale à son Créateur et se confondrait avec lui. La confrontation entre Dieu et le néant ne serait donc suspendue que le temps de ce monde éphémère. En fait, Dieu crée le monde *ex nihilo*, il ne le crée pas *in nihilo*, mais *in Principio*, c'est-à-dire en son Verbe, comme le montrera Bovelles en 1514 dans son *Commentaire au Prologue de Jean*. Dès lors, le néant est dépourvu de force oppositive, *a fortiori* d'aptitude à fonder. Bovelles se défend ainsi d'avoir assimilé le néant à la matière première de l'univers, car la matière non-être en acte est cependant être en puissance. La matière première a beau être totalement indifférenciée, tant qu'aucune forme ne l'a élevée à la consistance du réel, elle n'est pas le néant, seulement un presque rien, qui ne saurait parvenir au degré zéro de l'exténuation. Et c'est là toute la puissance sémantique du mot *nihil*, *nec-hilum*, que de suggérer ce moins que rien, poussière impalpable à l'homme qui, sous la main du Dieu createur, devient l'univers. Parce que Dieu peut tout en faire, cette simple poussière devrait pouvoir garder l'homme de la fascination et du vertige du néant.

C'est à partir de là que se met en marche la théologie négative. Si en regard de Dieu tous les êtres ne sont rien et si le rien est affirmé, à partir de ce rien, Dieu est prouvé et, par lui-même, il est nommé :

> Si Dieu est prouvé à partir de toutes choses et l'ensemble des choses à partir du néant, Dieu assurément est prouvé à partir du néant…Si en effet ce qui n'a nulle capacité de passer à l'être subsiste, subsiste aussi ce dont l'essence est possible, a fortiori ce dont l'essence est la suprême nécessité. (chap. VIII, p. 105-107)

De ce que Dieu existe, il ne s'ensuit pas que l'univers existe ; poser le néant en revanche, comme poser l'univers, c'est affirmer l'existence de Dieu. L'impossible requiert le possible et le possible le nécessaire. L'ordre du discours inverse l'ordre de la nature : remontant du néant, par voie de négation, on parvient au Principe en regard duquel tout le reste n'est rien. C'en est alors décidé du sens des mots : entendu comme *nihil privativum*, le rien est l'indice de la toute-puissance divine ; entendu comme *nihil negativum*, sous le coup de l'effectivité de la négation, le néant serait le tombeau même de Dieu et non plus le tabernacle de son mystère. Denys écrit superbement que « le mal n'a pas de substance mais une sorte de fausse substance »[1] ; on pourrait en dire autant du néant, qui ne saurait traduire légitimement que le bon usage de la négation, quand celle-ci « enlève », « supprime » ou « nie » toutes les ressemblances induites des créatures, comme si

---

1. *Noms divins*, 732b, dans *Œuvres complètes du Pseudo-Denys l'Aréopagite*, trad. M. de Gandillac, Aubier, 1943, p. 124.

l'on pouvait connaître l'inconnaissable autrement que dans l'inconnaissance. Telle est cette *via per ablationem* souvent illustrée par Maître Eckhart dans son sermon latin 83. Ayant fait remarquer qu'il ne suffit pas de connaître Dieu de manière apophatique, mais qu'il faut aussi l'aimer comme tel, le spirituel répond à la question : comment dois-je aimer Dieu ? – « Tu dois L'aimer en tant qu'il est un non-Dieu, un non-intellect, une non-personne, une non-image. Plus encore, en tant qu'il est un Un pur, clair, limpide, séparé de toute dualité. Et dans cet Un nous devons éternellement nous abîmer du Quelque chose au néant » [1].

Le passage du pronom indéfini – rien – au nom commun – le Rien – appelle ainsi quelques précautions : il convient de se garder du prestige d'un néant réalisé, qu'on serait tenté de poser en antonyme de l'être. Bovelles veut faire apparaître l'usage discriminant de la négation dans le clivage des différents ordres de réalité, sans jamais chercher à donner crédit à une entité négative. Cette discrimination devrait permettre de faire progresser le savoir en induisant du connu à l'inconnu. Quand, faute de commensurabilité, « l'analogie » marque le pas, il faut, dit-il, passer à l'*assurrectio,* en comparant ce qui pourtant n'a pas de proportion : le polygone et la circonférence, la créature et le Créateur, l'homme et Dieu, ainsi dans la conception d'un Dieu fait homme. Il fait alors assaut de négations : pour se fondre dans le Rien suressentiel de Dieu, l'homme doit lui-même s'annihiler ; la kénose du Christ s'incarnant appelle l'*adnihilatio* de l'homme en vue de passer en Dieu ; mais si la détermination créaturale est négation, le retour de la créature au Créateur ne peut s'effectuer que par la *negatio*

---

1. Trad. J. Ancelet-Hustache, éd. cit., t. III, p. 154.

negationis. « En regard de Dieu tous les êtres ne sont rien » (*De nihilo*, cap. V, intitulé). Ce n'est que dans la négation du monde que Dieu se manifeste. « Ôtons toutes choses que j'y vois », disait Monsieur Teste chez Valéry. L'univers, au demeurant, n'est qu'un point invisible au cœur de la sphère infinie de la divinité (*id.*, cap. VII, p. 97).

Dès lors, ce que Bovelles appelle, dans le final de l'ouvrage, « la très vraie, la très haute et achevée théologie » doit être souligné : « savoir que l'on ne peut connaître Dieu... » (cap. XI, p. 146). Qu'est-ce que ce savoir de l'inconnaissable pour lequel Bovelles reprend l'expression cusaine de « docte ignorance », ajoutant : « Cette ignorance supérieure et achevée est la véritable connaissance de ce qui dépasse tout le connaissable » (*ibid.*, p. 147) ? Ici Bovelles se replace dans le droit fil de la pensée cusaine. Ne nous méprenons pas sur l'expression « théologie négative » : la « docte ignorance » et une réelle « approche » de l'inaccessibilité de Dieu ; elle n'est pas un non-savoir, mais un savoir qui fait l'épreuve de la distance de son objet. Nicolas de Cues usait d'une comparaison : nous sommes vis-à-vis de Dieu, non pas comme « l'aveugle », mais comme « le voyant » ébloui vis-à-vis du soleil ; nous savons par expérience que la lumière du soleil excède notre vue ; de même nous savons, parce que nous l'éprouvons, que l'éclat de Dieu passe notre intellect. Ce n'est pas que la vue ni l'entendement soient en défaut, c'est qu'ils font l'expérience de quelque chose qui les dépasse. C'est bien l'œil qui fait l'épreuve de l'éblouissante lumière du soleil jusqu'à en être aveuglé ; de même c'est l'entendement qui fait l'épreuve de la surintelligibilité de Dieu. Il y a une expérience de la vue aux confins de ses possibilités, comme il y a une expérience de l'entendement aux limites de son étreinte. Tel est le paradoxe qu'exposait le *Trialogus de Possest* :

Qu'est-ce que le monde si ce n'est l'apparition du Dieu invisible ? Qu'est-ce que Dieu si ce n'est l'invisibilité des choses visibles ?...Le monde révèle donc son Créateur pour le faire connaître ; Dieu qui est inconnaissable, se montre de façon connaissable dans le monde, *per speculum et in aenigmate.* [1]

Tout comme le soleil, Dieu n'est pas visible en raison de sa suréminente visibilité, mais quand bien même nous en serions éblouis, c'est encore de vision qu'il s'agit. La « docte ignorance », selon Bovelles, relève de ce que le cusain appelait « l'œil mental de l'intellectualité pure »[2], sans qu'il y ait à préjuger d'une extase mystique.

En sa retraite de Ham et de Sancourt, où tout est silence et humilité, le grand vieillard, qui n'a plus rien écrit depuis vingt ans, au royaume de l'infime, vit à l'échelle du « rien ». Il retrouve dans la « docte ignorance » un esprit d'enfance, qui ne l'a jamais quitté, et discerne le ciel « à travers le vitrail des ailes d'une libellule », mieux que jadis à travers le chef d'œuvre du maître-verrier de Noyon. Il aurait pu faire sienne cette sentence de notre ami Christian Bobin, à qui nous voulons emprunter notre envoi : « Les enfants savent tout du ciel jusqu'au jour où ils commencent à apprendre les choses » [3]

Origine du texte

Le *De nihilo,* achevé en 1500, a été publié sous les auspices de François de Hallewin, évêque d'Amiens, en 1510 à Paris, chez Henri Estienne, dans un recueil rassemblant les ouvrages

1. *Trialogus de Possest*, Paris, Vrin, p.107.
2. Nicolas de Cues, *Apologie de la Docte Ignorance*, trad. F. Bertin, p. 46.
3. C. Bobin, *La dame blanche*, Paris, Gallimard, 2009, p. 39.

suivants, *Liber de intellectu*, *Liber de* sensu, *Libellus de nihilo*, *Ars oppositorum*, *Liber de generatione*, *Liber de sapiente*, *Liber de duodecim numeris*, *Philosophicae epistolae*, *Liber de perfectis numeris*, *Libellus de mathematicis rosis*, *Liber de mathematicis corporibus*, *Libellus de mathematicis supplementis*.

Ce recueil a fait l'objet d'un fac-simile photographique chez Friedrich Fromann Verlag, Stuttgart-Bad Cannstatt, 1972. Il avait été réédité, en annexe à l'ouvrage sur le même sujet de Martin Schoock, sous le titre *Martini Schoockii Tractatus philosophicus de Nihilo, accessit ejusdem argumenti libellus Caroli Bovilli atque Johannis Passerati, accuratissimum poema de Nihilo, cum annotationibus necessariis ejusdem Schoockii, Groningae, Typis Viduae Edzardi Agricolae*, 1661. Correspondant de Leibniz, Martin Schoock lui avait adressé cet ouvrage.

QUELQUES RÉFÉRENCES BIBLIOGRAPHIQUES POUR L'INTELLIGENCE DU DÉBAT

DENYS L'ARÉOPAGITE, *Theologia vivificans, cibus solidus. Dionysii coelestis hiérarchia, divina nomina, mystica theologia, undecim epistolae*, trad. A. Traversari, revue et corrigée par Lefèvre d'Etaples, Parisiis, W. Hopyl, 1499.

NICOLAS DE CUES, *Haec accurata recognitio trium voluminum operum, per Fabrum Stapulensem*, Parisiis, 1514.

Éditions contemporaines :

NICOLAS DE CUES, *La docte ignorance*, trad. P. Caye, D. Larre, P. Magnard, F. Vengeon, Paris Garnier-Flammarion, 2013.

– *Apologie de la Docte ignorance*, trad. F. Bertin,

– *Sermons dionysiens*, trad. F. Bertin,

– *Trialogus de Possest*, trad. P. Caye, D. Larre, P. Magnard, F. Vengeon, Paris, Vrin, 2006.

CHARLES DE BOVELLES, *Le livre du Sage*, texte et trad. P. Magnard, Paris, Vrin, 1982, (épuisé).

– *Le livre du Sage*, nouvelle trad. P. Magnard, Paris, Vrin, 2010.

– *L'art des Opposés*, texte et trad. P. Magnard, Paris, Vrin, 1984.

– *Lettres et poemes de Charles de Bovelles"*, éd. J.-Cl. Margolin, Paris, Honoré Champion, 2002.

Signalons notre étude récente, « Le chaînon manquant », dans *Nicolas de Cues et G. W. Leibniz, Infini, expression et singularité*, Revue de Métaphysique et de Morale, avril 2011.

Parmi les grandes choses qu'il y a à trouver autour de nous, c'est l'être du néant qui est la plus grande

Léonard DE VINCI
Journal et notations, p. 4

*Le début est autre chose que le commencement...
Le début est ce à quoi quelque chose s'accroche, le commencement est ce de quoi quelque chose jaillit...
À vrai dire, nous autres hommes, nous ne pouvons jamais commencer par le commencement : cela un dieu seul le peut. Il nous faut seulement prendre appui sur quelque chose qui soit capable de nous conduire vers le commencement ou de nous l'indiquer.*

Martin HEIDEGGER
Gesamtausgebe, Bd. 39, p. 3-4.

⁋Subſtātia prima deus	⁋Momentanea	Eternus
Nichilaliud	Fluxequalitates	Infinitus
⁋Rerū durationes	⁋Euum	Increatus
Eternitas	Primum	Creator oīn
Euum	Secundum	⁋Creatura
Tempus	⁋In primo	Non eterna
Momentum	Nichil creatum	Finita
⁋Eterna	⁋Inſecundo	Facta a deo
Solus deus	Omnia creata	Nichil creās
⁋Euiterna	Angeli	⁋Theologia
Angeli	Materia	Senſibilis
Rationales aīe	Subſiſtentia	Intellectuali
Materia	Viuentia	Prophetica
⁋Temporanea	Senſibilia	Affirmatiua
Irrationales aīe	Rationalia	Negatiua
Actus eſſendi	⁋Deus	

CHARLES DE BOVELLES
À L'EXCELLENT DISCOUREUR
JACQUES VITRY,
CHANCELIER DU DUC DE BOURBON

Noble protecteur,

J'ai achevé depuis peu ce petit livre sur le Néant, épure aux propositions simples à peine argumentée. Un ami m'ayant demandé de le produire au jour, j'ai pensé que l'entreprise serait peut-être vaine, si l'ouvrage était publié aussi nu, sans argumentation ni approfondissement. C'est pourquoi, l'ayant repris en main, je l'ai un peu revu, aménageant d'un petit commentaire tout ce qui en lui me semblait abrupt et rendant accessible ce qui était un peu obscur. Si tu demandes pourquoi nous nous sommes évertués à discourir sur le Néant, alors que l'être le rejette de partout, étant donné que le Néant n'est pas, qu'il ne repose sur aucun être et qu'il est privé de toute substance, je t'offre en réponse à ces questions ce petit livre, qui indique clairement combien peu de choses on peut dire du Néant, dans quelle mesure pourtant se montre ce qui n'est pas quand on l'examine attentivement et comme il faut, quelle moelle enfin il répand quand l'écorce et l'ouvre le couteau de l'esprit. Dans la création par Dieu de l'univers en effet, le néant a joué un certain rôle, y figurant la cause matérielle. À maintes reprises la Sainte Ecriture dit en l'attestant que Dieu seul est de toute éternité, et que par lui toutes choses sont venues du néant à l'être. Nous avons donc cru bon te dédier ce petit livre qui traite en ce sens du Néant et de la négation originelle des créatures et même de toute matière, petit livre dont tu reconnaîtras peut-être qu'il procède d'un travail qui ne fut ni vain ni inutile, pour qu'à cet opuscule s'ajoute quelque lustre et que ceux qui y porteront la dent se brisent sur ton enclume. Adieu.

POÈME AU LECTEUR
DE JEAN PELLETIER

Comment Dieu toutes choses a tirées du Néant
sans principe ni fin, comment créant la vaste sphère,
lui qui aux chœurs des anges donna l'être
produisit la matière,
Lecteur qui désire le savoir, tourne ton ample esprit en
cette direction :
bien que petit, ce livre te le dira.
Si le rhinocéros de l'envie de sa corne le frappe,
protège-le, toi qui auras trouvé en lui un substantiel aliment.

AU NOBLE ET GENEREUX SEIGNEUR JACQUES VITRY, CHANCELIER DU DUC DE BOURBON, LE « LIVRE DU NEANT » DE CHARLES DE BOVELLES L'AMIENOIS

PREMIER CHAPITRE

QU'EN EST-IL DU NÉANT ?

Le néant n' est rien.

Ce qui est simple est sans parties ni différences et en aucune façon ne peut être en lui-même pressé, réduit, quintessencié[1]. En effet réduction et mesure appartiennent à ce qui est divers, sécable et composite, car elles délient et débrouillent les parties et les différences. Aussi du rien ne pouvons-nous dire autre chose que rien, répétant qu'il n'est en lui-même rien. Nous définissons le rien par le non-être qui en lui-même n'est rien. En effet le rien est rien : le rien n'est pas quelque chose, ni

---

1. Il est remarquable que les désignations du néant sont celles mêmes dont on userait pour dire l'être. Ce chiasme de l'être et du néant se retrouve dans *l'Ars oppositorum.*

ceci ni cela, ni quoi que ce soit d'autre, il n'est aucun être. Le rien n'est nulle part, ni dans l'esprit[1] ni dans la nature des choses, ni dans le monde intelligible ni dans le monde sensible, ni en Dieu ni hors de Dieu en quelque créature. Tout être est un être, tout être est quelque chose. Toutes les choses sont pleines d'être. Le rien est vide, amorphe, inconsistant[2]. Le rien échappe au tout de l'être. Il en résulte que de cette proposition « Le néant n'est rien », il y a deux lectures, l'une négative, l'autre affirmative et positive[3]. Toutes deux cependant relèvent de la même vérité et sont équivalentes. Ou bien en effet en disant que le rien n'est rien, on fait entendre que le rien n'est nul être, c'est-à-dire que le non-être n'est nul être, ou si l'on veut que l'être nul n'est nul être. Ou bien on dit que tout être est un être, c'est-à-dire que tout être est quelque chose ou si l'on veut un être quelconque. Et celui qui profère l'une et l'autre assertion est sincère et véridique.

Peu s'en faut que la matière ne soit rien, elle n'est pas rien cependant.

La matière en effet est le dernier des êtres, la substance hypostatique de tous ; elle est placée dans le voisinage du non-être, à proximité de la négation de tout[4]. La matière est un être

---

1. Parce qu'il n'en existe pas d'idée.
2. La possibilité du vide procède chez Bovelles de la distinction du corps et du lieu ; *cf.* Jean Scot Erigène, *De divisione naturae*, Dublin, Dublin Institute for Advanced Studies, 1995, I, 478a-479a.
3. Ce qui veut dire que les deux lectures sont équivalentes.
4. La matière est atteinte au terme d'un dépouillement (*ablatio*) de tous les attributs de la chose, mais tandis que Dieu est *suressentiel*, supérieur à toute détermination, elle est en quelque sorte, *infra-essentielle*, incapable de porter la

inachevé et imparfait, un être en puissance, soit la puissance
des êtres, soit le commencement d'où procèdent tous les êtres
sensibles. Elle est le premier et le dernier des êtres, le premier
dans la génération[1], le dernier dans la corruption et la décomposition. Avant que d'exister, toute chose est sur le mode de
la puissance ; après qu'elle a cessé d'exister, elle fait retour à
l'état résiduel de puissance. Au-dessus de la matière se
hiérarchisent les degrés des êtres : à tous la matière sert de
substrat. La matière en revanche a le rien pour substrat[2]. La
matière est la base de toutes choses, mais elle se fonde et repose
sur le rien, sur rien, sur le non-être. Tout être sensible en acte
est situé, placé et fondé sur la matière, mais la matière n'est ni
placée ni fondée sur quoi que ce soit. Elle est l'étai de toute
chose, mais elle n'est étayée ni portée par rien. Il en résulte que
la matière n'est presque rien de par cette double cause : sa
nature ou substance d'une part, sa position et son lieu d'autre
part, sa nature en vérité parce que tout être sensible commence
et finit en matière (celle-ci est en effet l'état inchoatif de toute
chose, sa condition d'évolution, son défaut et sa puissance), sa
position aussi et son lieu parce que dans l'échelle naturelle des
êtres elle occupe le plus bas degré, mitoyenne du non-être,
toute proche du rien.

---

moindre détermination. *Cf.* J. Scot Erigène, *De divisione naturae, op. cit*, I,
500d.

    1. Comme d'autres en son temps, Bovelles distingue deux moments dans la
création, la *creatio prima* productrice de la matière *ex nihilo* et la *creatio
secunda* productrice du monde à partir de la matière. Cette seconde création
n'est dite *ex nihilo* que du point de vue de la forme. La *Genèse* ne distingue pas
ces moments.

    2. C'est dire sa précarité, mais c'est dire aussi qu'elle relève de la *creatio
prima*.

La matière comme milieu entre l'être et le néant.

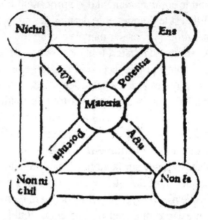

La matière en effet n'est ni être ni non-être. Une certaine puissance de l'être ne peut être ni manifeste ni connue. Elle n'est pas en vérité tel être, ni lui ni un autre, mais l'ombre et la puissance de ceux qui sont et seront. Ce qui en effet peut être manifesté et dont nous déclarons qu'il est ceci et même ceci précisément, l'être singulier est un être en acte et ce quelque chose est manifesté, connu et identifié selon une différence déterminée et une mesure propre bien définie. La matière en revanche est le vide et la privation de toute différence, très semblable à cette figure universelle informe, confuse et molle, dans laquelle Empédocle enseignait que toutes choses à l'origine se cachaient et dont elles auraient fini par sortir. Bref l'être de la matière est le pouvoir-être de toutes choses. Les extrêmes de l'être et du non-être sont l'être et le rien, le moyen est le pouvoir-être, ni être ni rien mais presque être et presque rien.

L'affirmation et la négation de l'un et de l'autre coïncident[1] en effet en la matière : elle est être et rien, non-être et non-rien ; être-en-puissance, rien en acte, non-être en acte et simplement non-rien en puissance et en privation.

Le rien a moins de réalité que n'en a la matière.

La matière est en effet le moindre des êtres. En vérité, elle n'est pas un être mais le moindre des êtres[2]. La matière est placée et disposée dans l'entre-deux de l'être et du non-être. De même que le point n'est nullement une grandeur mais le minimum et la limite extrême de la grandeur, de même nous enseignons que la matière est à peine un être mais le plus bas degré, la borne et la limite des êtres. Et de même que le point, bien qu'il ne constitue pas une grandeur, n'est pourtant pas un néant de grandeur mais quelque chose de la grandeur à savoir sa puissance et son commencement, de même la matière, bien qu'elle ne fasse pas un être, n'est pourtant pas un néant d'être, mais quelque chose comme sa limite, sa puissance et son commencement. Et de même que le point est dépourvu de toute dimension et privé de tout intervalle de longueur, largeur et profondeur, de même la matière est privation d'être, dépourvue qu'elle est de toute différence. De même que la grandeur la plus petite au-dessus du point est la ligne grâce à la différence d'un intervalle qui est sa longueur, de même l'être le plus petit dépasse la matière ajoutant à celle-ci quelque acte d'être et

---

1. La matière, comme Dieu, donne lieu à la *coïncidentia oppositorum*.

2. Cette notion mathématique de minimum, issue de Nicolas de Cues, exprime un passage à la limite. Grandeur évanouissante, le minimum est d'un ordre inférieur à la grandeur dont il est issu, tel le point par rapport à la ligne. Les œuvres d'Archimède avaient été traduites en latin et éditées à Rome par Jean Miller.

quelque différence et forme naturelle. Il en résulte que, de même que la plus petite grandeur (la ligne) et le minimum de grandeur (le point) ne sont pas la même chose, de même l'être le plus petit et le minimum d'être sont différents : celui-ci est la matière, celui-là un être quelconque qui verrouille le dernier degré de tous les êtres, qu'il s'agisse de l'élément ou de la terre.

Rien ne vient de rien.

De ce qui n'est rien ne peut rien de soi-même résulter ni par vertu ni par filiation naturelle. On dirait en effet que du rien quelque chose peut sortir par vertu naturelle, si ce qui est pur et simple rien tournait en être, soit en matière, soit en tel objet, ou si ce qu'aucun commencement n'ébauche ni qu'aucune puissance ne précède, venait à l'être par un miracle insolite de la nature. Tout ce que nous voyons en effet se produire par nature naît de la puissance préalable de la matière et de son défaut. Sa puissance et sa matière préexistaient. Tout ce qui chaque jour vient à maturité dans la suite des générations était dès le commencement ébauché et caché dans l'ombre de la matière.

Rien ne tourne au rien.

De ce qui précède, il appert en effet que tout retourne nécessairement à ce dont il est issu. Il est fatal que ce qui a grandi dans la génération dépérisse dans la corruption. Ce qui n'est propre ou particulier à aucun être mais commun à tous, aucun être ne le peut ni faire venir à l'être ni cesser d'être, puisque par aucun il n'est engendré ou détruit, car né de rien avant tous les êtres et fixe et stable après eux, il demeure le même. Telle est la matière, non sujette à la génération et à la corruption, toute faite au commencement et devant subsister tout entière jusqu'à la fin des temps.

Rien ne naît de nouveau, rien ne périt.

Que cette permanence de la matière te fasse comprendre que celle-ci, créée tout entière au commencement, n'est pas du tout exposée à la corruption[1]. Tous les êtres sont donc d'une certaine façon dans la matière avant de venir à l'être et ils y demeurent après qu'ils aient cessé d'être. Créée par Dieu[2] et produite à l'être avant toute réalité sensible, la matière est grosse de toute réalité sensible. Qu'on divise en effet toute la réalité sensible en deux parties, en deux extrêmes qui la forment et la constituent : l'essence et la manifestation, le principe et la fin, le commencement et l'accomplissement, la puissance et l'acte, la matière et la forme. On trouvera que le changement, la naissance et la mort ne se produisent que selon le second terme de chaque distinction. Selon le premier en revanche aucun changement ne se produit, toutes choses sont fixes et stables, faites ensemble dès le commencement et subsistant ensemble pour toujours. La matière est en effet principe et début, essence et puissance de toutes choses. Aussi par la création de la matière, toutes choses ont pris ensemble leur départ et existent depuis le commencement ; celles qui étaient dans le principe n'avaient point de fin : elles eurent l'être en vérité auparavant, il leur manquait d'apparaître ; elles étaient à

---

1. Absolument indifférenciée, la matière est sans partie ; c'est pourquoi elle est impérissable. Agent de différenciation, elle explique que tout ce qui repose en elle soit soumis à métamorphose.

2. Primordiale, la matière n'en est pas moins créée. Bovelles répond à la question posée par Richard de Saint-Victor : « Primordialis materia, quaeso, unde fuit, quae vel a semetipsa esse, vel divinam substantiam pro materia habere omnino non potuit » (*De Trinitate*, Paris, Éd. Ribailler, 1958, II, 8, p. 115). Il se souvenait aussi d'Origène, *Traité des Principes*, trad. H. Crouzel et M. Simonetti, Paris, Sources Chrétiennes, 1978, t. I, II, 1, 4, p. 243.

l'état de possible, cependant elles n'étaient pas encore. Elles étaient dans les ténèbres non dans la lumière, ni dans leur différence distinctive, ni dans leur lieu naturel. Elles furent conduites de la puissance à l'acte, des ténèbres à la lumière, du principe à la fin. L'ébauche a été achevée, l'être est passé à la manifestation ; ce qui était confus et indistinct s'est mis en ordre et disposé en son lieu naturel. Chaque jour donc rien ne naît qui soit simplement et absolument nouveau, puisque toutes choses étaient dès le commencement dans leur co-existence primaire et originelle, c'est-à-dire dans la matière[1]. Chaque jour rien ne périt, puisqu'elles font retour à cette même essence immuable, c'est-à-dire à leur première consistance. Et tout comme elles sont d'abord passées de la puissance à l'acte, elles reviennent enfin à cette même puissance après avoir dépouillé l'acte. Ce qui allait des ténèbres à la lumière, est contraint de retourner de la lumière et de la manifestation à l'occulte et au caché, bref aux ténèbres originelles[2]. Il y a quatre réalités surtout dont on peut dire de manière véri-dique qu'elles ont été posées tout entières de manière fixe et immuable, niant qu'elles puissent connaître la naissance et la mort : ce sont l'esprit de Dieu, l'entendement de l'ange, la matière et l'entendement de l'homme. En l'esprit de Dieu[3],

---

1. Toutes choses qui coexistent en Dieu sur le mode achevé, coexistent dans la matière sur le mode indifférencié. *Cf.* J. Scot Erigène, *De Divisione Naturae*, *op. cit.*, I, 488a-490b.

2. Allusion au *Prologue* de Jean. On pense aussi à Achard de Saint-Victor : « Quis capiat sensus quomodo de nihilo factum est aliquod ? – Tenebrae hic sunt super faciem abyssi ». (Richard de Saint-Victor, *De Trinitate, op. cit.*, p. 219. *Cf.* J. Scot Erigène, *De Divisione Naturae, op. cit.*, I, 501c-548b.

3. Dans le Verbe de Dieu demeurent de toute éternité les formes primordiales de toutes les créatures, thèse présente tant chez Augustin que chez

tout est en acte depuis l'éternité et tout sera toujours en lui de façon éminente[1]. L'entendement de l'ange[2] renferme aussi, depuis sa création, toutes choses en acte et toujours il les gardera. La matière et l'entendement humain, depuis leur création (bien que ce ne se soit pas de même façon) sont en puissance toutes choses, c'est-à-dire sont la puissance de toutes choses; ils seront toujours ce qu'ils sont c'est-à-dire puissance de toutes choses. Dieu est éternel sans fin ni commencement. L'ange, la matière, l'entendement humain sont immortels : ils ont été créés certes mais ils seront toujours; nantis de commencement, ils n'auront pas de fin. En vérité aucun entendement humain ne périra ; aucune partie de matière ne peut être naturellement anéantie ; aucune non plus ne peut être produite. Ces trois choses Dieu, l'ange, la matière sont tout entières depuis le commencement, tout entières elles demeureront toujours et ne peuvent être renouvelées ni multipliées, ni périr ni diminuer. L'entendement humain pour sa part, peut être en vérité multiplié, il n'est pas tout entier dès le commencement, lui qui chaque jour se parfait par son nombre jusqu'à ce qu'il passe à une totale actualisation et que l'espèce humaine soit réalisée en plénitude. Quant à être diminué, jamais il ne le pourra[3].

Jean Scot Erigène, tant chez Bonaventure que chez les Victorins. *Cf.* J. Scot Erigène, *De divisione naturae*, *op. cit.*, II, 561d.

    1. Nous traduisons ainsi *supersubstantialiter*, mot qui vient de Marius Victorinus et qui est repris par Jean Scot Erigène pour traduire le *homoousios* de Denys.

    2. Voir C. de Bovelles, *Le livre du Sage*, éd. cit., chap. XXXVI, p. 150-151.

    3. Dieu, l'ange, la matière et l'entendement humain sont comme les matrices où demeurent, à titre divers, les formes des choses créées.

CHAPITRE II

DES QUATRE MODES DE DURÉE

Les modes de durée et de permanence sont au nombre de quatre : l'éternité, l'époque, le temps, l'instant.

De même qu'on peut voir que tous les êtres diffèrent les uns des autres de mérite, de capacité et de lieu, de même on pense qu'ils se distinguent quant à la durée et à la permanence de leur substance. Autre est la durée des substances, autre celle des accidents. Autre celle de Dieu, autre celle de l'ange, de l'âme, de la matière. De plus celle de l'ange, de l'âme et de la matière n'est pas celle de l'actualisation des êtres sensibles c'est-à-dire des formes naturelles. Enfin celle des formes naturelles qu'elles soient substances ou accidents n'est pas celle des qualités secondes. La tétrade, ou quaternité enferme en elle toute stabilité et permanence des choses. Il y a en effet quatre modes de durée : l'éternité, l'époque, le temps et l'instant.

L'éternité est la durée illimitée dans les deux sens : elle n'a ni commencement ni fin.

Qu'on imagine qu'une ligne droite[1] soit d'un point médian tirée dans les deux sens sans limite ni terme, de sorte qu'elle

---

1. Remarquable est la figuration de l'éternité par la droite où l'on attendrait plutôt la circonférence.

passe tout commencement et franchisse toute fin ; à la mesure de notre sens et de notre œil mortel, elle exprime l'éternité. En effet ce n'est pas seulement notre sensibilité, ni non plus notre entendement qui, allant du milieu en chaque direction, ne peuvent atteindre ni toucher les limites de l'éternité non plus que l'embrasser, mais tout ce qui de cette éternité est présent à l'entendement n'en peut être qu'une infime partie sans aucun rapport et aucune proportion avec le tout.

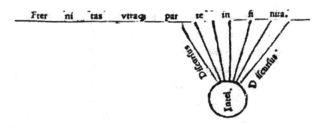

L'*époque est une durée qui ne saurait mettre aucun terme à un commencement.*

Détermine un point en manière de commencement, à partir duquel tu traceras en imagination en un sens donné une droite infinie ; celle-ci figurera pour toi l'époque.

L'époque[1] a en effet un commencement mais pas de fin ; elle part d'un point déterminé pour ne connaître aucun

---

1. Nous traduisons ainsi *aevum*, qui transcrit l'*aïon* de Philopon (J. Philopon, *De Aeternitate mundi contra Proclum*, Leipzig, Éd. H. Rabe,

achèvement. D'un côté en amont elle est limitée, de l'autre en aval elle est illimitée.

Le temps est une durée terminée aux deux extrémités.

Une ligne droite terminée à ses deux extrémités symbolise le temps qui est compris entre deux termes, le commencement et la fin. Le temps est plus accessible aux sens et mieux connu de nous que l'époque et l'éternité. En effet tant la sensibilité que l'entendement l'appréhendent en sa totalité, ils en voient les deux extrémités et les saisissent dans leur présence. De l'éternité en revanche aucune extrémité n'est connue ni présente à notre entendement. Si le commencement de l'époque nous est connu, sa fin nous échappe et nous ne pouvons parvenir à la rejoindre.

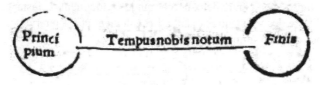

L'instant est un terme dépourvu de durée.

De même que nous avons dit que le point n'avait pas d'étendue, mais qu'il était puissance et borne de l'étendue, de même l'instant est puissance et minimum de durée[1]. L'instant

1899, p. 100, 114,116), entendant ici par *époque* une durée terminée en un sens, illimitée en l'autre . Voir aussi *Corpus Hermeticum*, traité XI, Paris, Les Belles Lettres, 1983.

1. Pas plus que le point n'est une partie de la droite, l'instant ne saurait être une portion du temps. Cf. Aristote, *Physique*, Paris, Vrin, 1999, 241 a3.

est en effet sans partie, privé de succession et de tout intervalle, de permanence et de durée ; en lui milieu et extrémités se confondent.

L'éternité n'a pas de borne, l'époque en a une, le temps deux, l'instant n'a aucun intervalle d'écoulement ni de succession.

Telle est la durée ou permanence des choses. Nulle borne, une seule ou deux. Une simple borne sans intervalle. Ces trois durées supérieures sont les dimensions et intervalles des choses qui demeurent. Elles se distinguent cependant selon qu'elles ont des extrémités ou en sont privées. L'éternité en effet n'est contenue par aucune limite ni aucun terme. L'époque part d'un commencement et court indéfiniment. Le temps s'étend entre deux bornes qui le contiennent. L'instant diffère des trois autres quant à l'écoulement et à l'intervalle, puisqu'il est simple limite[1].

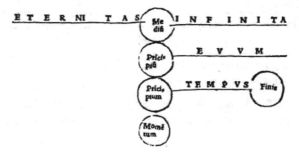

1. Cet instant, logiquement défini correspond au *to nun* plutôt qu'à l'*exaiphnès* des Anciens ; *cf.* Platon, *Parménide*, Paris, Les Belles Lettres, 1923, 152 b c.

Qu'on enlève à l'éternité la partie antérieure, le reste sera l'époque qui a un commencement mais pas de fin. Qu'on enlève à l'époque la partie postérieure, en lui fixant un terme, le reste sera le temps qui a commencement et fin. Qu'on enlève enfin au temps tout ce qui est extrémité, commencement, milieu ou fin, qu'on le dépouille de tout intervalle, ne restera que la limite de temps ou instant.

L'époque est comme la moitié de l'éternité, le temps une partie de l'époque, l'instant la limite du temps.

Pour tes yeux comme pour ton entendement, assigne un milieu à l'éternité, tout ce qui de l'éternité va de ce point vers l'avant sans rencontrer de terme est l'époque. De ce point vers l'arrière, il reste autant d'éternité et d'espace, en direction du principe [1] de l'éternité auquel nous ne pouvons atteindre ni par la sensibilité ni par l'entendement. C'est pourquoi l'époque est comme la moitié de l'éternité. Partage en effet l'intervalle d'éternité en deux époques [2], la première et la seconde: chacune d'elles est égale à l'autre. Chacune est la moitié du tout, limitée d'un côté, illimitée de l'autre : la première époque

---

1. Bien que sa pensée soit sans ambiguïté, Bovelles ne sait se garder d'un certain flottement dans l'emploi des mots *initium* et *principium*. Les deux mots traduisent le grec *archè*, l'un pour connoter le commencement temporel, l'autre le principe d'une action. Ce même mot *archè* est au verset I de *Genèse* I comme au verset I de Jean ; c'est dire que si la création est commencement du temps, elle a son principe intemporel dans le Verbe divin. Voir les variations de Pic de la Mirandole sur le *Bereschit* biblique qui désigne l'inscription de l'éternité dans le temps (*Heptaplus in septiforma dierum geneseos narratione*).

2. Bovelles distingue deux âges, alors que saint Thomas n'en envisageait qu'un, à partir de la création (*Somme Théologique*, I a, qu. 10, art. 6, Paris, Cerf, 1984).

n'a pas de commencement, mais elle a une fin, la seconde n'a pas de fin mais elle a un commencement.

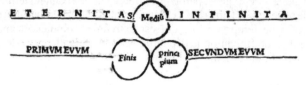

Derechef de même que l'époque est une partie de l'éternité et que l'arrière est amputé de l'avant, de même le temps est la partie antérieure de l'époque, amputée de la partie postérieure. L'instant nous l'avons dit, est la borne du temps et sa limite sans partie.

CHAPITRE III

QUE RIEN N'EST COÉTERNEL À DIEU NI INCRÉÉ

À Dieu seul revient l'éternité ; Dieu seul l'habite.

Dieu est l'auteur de tout, il est commencement[1] et achèvement de toutes choses. Avant toutes choses il était, après toutes choses il sera. Or ce qui est commencement et achèvement ne commence ni ne s'achève, car il n'est pas de commencement du commencement ni d'achèvement de l'achèvement. Pas de fin des fins, pas de terme des termes. Ici comme là, Dieu est l'unique auteur et l'aboutissement unique de toutes choses : il est sans borne, infini, seul durant toute l'éternité, immobile et en repos avant que tout ait commencé, derechef en équilibre et persistant en lui-même quand tout est achevé. Les bornes c'est lui qui les a posées, il embrasse l'éternité, la parcourt toute entière, la voit et la saisit comme présente, seul à persister en elle[2].

À la première époque de l'éternité il ne fut d'être et de subsistance que de Dieu sans rien qui l'accompagnât.

Comme Dieu dans toute l'éternité n'admet avec lui aucune créature, ainsi en la première partie de cette éternité c'est-à-

---

1. Dieu est ce par quoi tout commence mais lui-même ne commence pas puisqu'il est de toute éternité.
2. Les quatre modes de la durée sont des expressions du mystère de Dieu et de la disproportion entre le Créateur et les créatures.

dire dans la première époque n'en a-t-il jamais laissé être aucune. L'éternité et sa première époque sont l'apanage de la seule divinité ; on doit y contempler Dieu dans sa divinité et son unicité, sans créatures, ni principe ni origine ni cause, source et auteur de toutes choses. Toutes choses sont en effet issues d'un principe hormis le principe lui-même. Aussi, en ce premier âge, Dieu était seul et rien ne l'accompagnait ; cette première époque précéda en effet la création de tous les êtres ; elle porte témoignage de ce qui est le propre de Dieu, l'unicité et l'absoluité, qui fait que Dieu de toute éternité, sans avoir commencé ne se dresse que par lui-même, n'a de commerce qu'avec lui-même, ne se retourne que sur lui-même, présent à lui seul, ne connaissant que lui, centré sur lui-même. Il était en relation avec lui et nul autre ; hors de lui aucune genèse n'avait encore eu lieu ni n'avait produit jusqu'alors quoi que ce fût, inféconde hors de lui, sans relation ni connaissance. En lui en revanche résidait fécondité et abondance, car il est trinité ; en lui relation aussi, connaissance et réciprocité.

Dieu lors de la première époque ne créa ni n'entreprit de créer quoi que ce fût, puis un beau jour, il cessa de ne rien créer.

Lors de la première époque, Dieu ne créa rien, ne produisit aucune créature. La première époque va de l'éternité au début de la création. Elle n'a pas de commencement, sa fin est le premier instant de la création. La première époque a toujours été et pourtant elle se termine : dépourvue de commencement, elle a une fin ; aussi, lors de la première époque, Dieu ne créa-t-il rien, aucun existant. Pas une seule fois, il ne se mit à créer parce qu'il ne créa rien de toute éternité. Puis un beau jour, il cessa de ne rien créer, quand ayant entrepris la création de l'univers il se mit à créer toutes choses. De toute éternité, Dieu ne s'adjoignit nulle chose ni ne favorisa quoi que ce fût, non plus qu'aucune chose de toute éternité ne se joignit à lui. L'univers était néant et le néant universel. Dieu ni ne soutenait, ni ne favorisait, ni ne produisait quoi que ce fût.

Bien que Dieu dans la première époque n'ait rien créé, il ne resta pas pourtant inactif, oisif, désoeuvré et inoccupé.

En effet, tourné vers lui-même et replié sur soi, il se mouvait, s'assumait, se rendait présent à lui-même et maître de soi. De toute éternité il était ; de toute éternité il s'engendrait, de toute éternité il faisait acte de présence ; éternellement il sera, s'engendrera, fera acte de présence. Ceux qui ont méconnu ce nombre intérieur et secret de l'être divin[1] et son mouvement circulaire[2] (ainsi presque tous ceux qui, soumis à l'erreur des païens et au culte des idoles, furent les adeptes de la stérile philosophie de ce monde) sont destinés à être précipités dans l'abîme sans fond ou dans l'immense syrte des erreurs, décidant que seraient coéternels avec Dieu ou bien l'univers ou bien la plupart des créatures, tels les anges et la matière, de sorte qu'en communiquant avec eux, en les favorisant, nourrissant et protégeant, Dieu pourrait être dit de toute

---

1. La trinité est le chiffre de la divinité et l'indice aussi de la Vie en Dieu. Bovelles trouve dans le strict trinitarisme des Victorins argument contre un triadisme plus néo-platonicien que chrétien, qui se réclame cependant du *De Trinitate* d'Augustin.

2. La circonférence est le graphe de la perfection depuis Parménide jusqu'à Képler. Cette circularité est encore une manière de récuser l'émanatisme plotinien.

éternité non oisif mais actif et fécond[1]. Or la sphéricité divine, sa circularité, le retour sur soi de la divinité, contredisant l'oisiveté ou plutôt l'inaction de Dieu, ôtent la nécessité des créatures. Que l'on ôte en revanche le nombre et le cercle divin, à juste titre on conviendra ou qu'aucun Dieu n'a existé de toute éternité, ou que ce Dieu fut oisif, inactif, engourdi dans le loisir, ou que lui fut adjointe une réalité étrangère et coéternelle, à l'être de laquelle il travaillerait et prendrait part de façon appropriée.

La solitude de Dieu n'eut pas de commencement ; un jour il y mit fin.

De toute éternité, dans la première époque, Dieu fut seul : aucune créature ne lui tint compagnie. Or il mit fin à cette solitude, au commencement de la seconde, lorsqu'il se mit à créer. La fin de la première époque est en effet le commencement de la seconde. Aussi lui qui était solitaire dans la première époque devint convivial dans la seconde ; lui qui s'est proposé de créer toutes choses dans la première époque de toute éternité et aurait pu le faire, a un jour, dans la seconde, engendré et mené à terme tous les êtres ; lui qui n'a rien accompli de toute éternité, favorisera, conservera et préservera pour toujours quelque réalité, soit l'ange, l'âme et la matière, tous trois impérissables.

---

1. Le thème du Dieu oisif est critiqué par Origène dans son *Traité des Principes*, *op. cit.*, II, I, 4 puis par son élève Grégoire le Thaumaturge « Du passible et de l'impassible en Dieu », dans *Analecta sacra*, Venezia, J.B. Pitra, 1883, IV.

Dieu, lors de la première époque était seul et unique ; dans la seconde il devint nombreux et trinitaire.

Dieu, au-dedans et au-dehors, est trine, comme notre livre *Du Sage* le développe[1]. Au-dedans c'est-à-dire dans sa propre substance dans laquelle il est de toute éternité fécond, nombreux, trine ; les personnes sacrées de cette mystérieuse trinité sont le Père, le Fils et l'Esprit que nous proclamons saint. Les personnes de la trinité extérieure sont Dieu, l'ange et l'homme qui, bien que sous son égide séparées les unes des autres, reviennent à l'unité par lien de volonté et s'associent dans la réciprocité. En effet, de toutes les créatures, l'ange et l'homme seulement – en tant qu'ils participent de la lumière et de la sagesse divine – passent en Dieu et deviennent Dieu par participation. Donc dès que, dans la seconde époque, l'ange et l'homme, en s'appropriant la sagesse et l'image de Dieu, sont remontés jusqu'à lui, Dieu est d'une certaine façon trinité, dieu divin, dieu angélique et dieu humain. Cette trinité extérieure est l'éclat, l'image et la manifestation de la trinité intérieure, divine et éternelle[2].

---

1. C. de Bovelles, *Le livre du Sage*, *op. cit.*, chap. XXX ; trad. fr., p. 117 *sq.*

2. *Ibid*. Voir aussi Saint Augustin, *De Trinitate*, *op. cit.,* II ; J. Scot Erigène, *De divisione naturae*, *op. cit.*, II, 379c ; Richard de Saint-Victor, *De Trinitate*, *op. cit,* III, cap. 21. L'usage d'Augustin est pondéré par la lecture des Victorins.

À partir de la seconde époque, Dieu a pourchassé,
repoussé, anéanti le néant qui régnait lors de la première et
mis à sa place quelque chose, je veux dire l'univers.

Prenons et concevons le néant lui-même en une acception
affirmative et positive comme ce par quoi l'univers était exclu
de la première époque, qui prenait possession de tout et était où
sont maintenant toutes choses. Ce néant même qui est opposé à
la substance et à l'existant a été mis en fuite, anéanti, repoussé,
exclu par Dieu en cette seconde époque où toutes choses ont
été créées et accomplies.

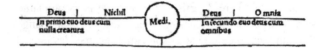

En lieu et place du néant apparut l'univers qui est
maintenant là même où autrefois se trouvait le néant et dont le
néant occupait la place[1]. C'est pourquoi le néant qui durant
toute la première époque était et fut, cessa d'être dans la
seconde. À sa place en effet apparut quelque chose qui sera
dans la seconde époque et qui, favorisé par Dieu, échappera à
la précarité et à la mort ; nulle place donc n'est, dans la seconde
époque, concédée au néant. Comme le néant fut à la première
époque, ainsi il n'y aura pas de néant à la seconde, ce qui veut
dire que de même que la totalité des êtres fut absente de la
première époque, n'ayant pas encore d'existence, de même
cette totalité sera dans la seconde pour y exister et y subsister.
Et de quelque façon que l'on envisage le néant lui-même soit

---

1. Pour la distinction du corps et du lieu, voir J. Scot Erigène, *De divisione*
naturae, *op. cit.*, I, 478a-479a.

comme désignation d'un être[1] soit comme désignation d'un défaut, quelques propos que l'on tienne à son sujet, ici comme là on accueille une seule et même vérité. En effet affirmer le néant à la première époque, c'est y nier tout existant, car le néant en soi est équivalent à la négation de tout ; la négation du néant en revanche équivaut à l'affirmation de tout.

1. C'est dire la positivité du néant mais aussi la précarité de l'être.

CHAPITRE IV

QUE DIEU A CRÉÉ TOUTES CHOSES À PARTIR DE RIEN

La substance divine en son ensemble n'est susceptible ni de participation ni de partage : durant la première époque elle fut seule et unique.

Dieu ne saurait être séparé de Dieu, par chute ou par division, non plus que distrait de Dieu ; tout ce qui est divin est Dieu, joint et uni à Dieu, inséparable , non déliable de sa substance. Celle-ci est, en son tout, simple, sans partie, innombrable, inséparable d'elle-même, sans participation possible. Si elle était en effet passible de participation[1], une de ses parties serait ôtée au tout ou à l'autre partie. Cette partie serait donc distraite de la substance du tout, lui deviendrait étrangère et donnerait son commencement à n'importe quelle réalité distincte de façon à constituer une substance extérieure, ce qu'il faut penser ne pouvoir en aucune façon se produire. Figurons la substance divine en son ensemble par $a\,b\,c$: celle-ci serait alors participable, si une part d'elle-même (de quelque façon qu'on la conçoive), à savoir $b\,c$ était distraite de la totalité $a\,b\,c$ ou de la partie restante $a\,b$ et constituait à partir de $b\,c$ une substance distincte et séparée de Dieu, née par participation de la substance divine ; voilà qui est tout à fait absurde et contraire à la raison.

---

1. Contre l'émanatisme latent chez J. Scot Erigène.

Il en résulte que Dieu n'a rien créé ni produit à partir de sa substance.

Dieu en effet n'a pas fait ce qu'il n'avait pas la possibilité de faire. Il n'avait la possibilité de se nier[1], de retrancher quelque chose de lui-même, de se rompre, de se partager, de s'arracher à lui-même et de se donner en partage ; tout comme il lui est impossible de ne pas être Dieu. Ce qui n'est pas impuissance, comme l'a dit le sorcier Elymas[2], mais force infinie et puissance illimitée, par laquelle Dieu se soutient, se dresse et se pose en son unité, sans pouvoir ni être amputé de soi, ni ne pas être, ni manquer de puissance (comme le dit saint Denys[3]), ni s'anéantir. Puisque donc Dieu ne peut être divisé, puisqu'il est insécable et hors partage, il n'a rien pu créer à partir de sa substance ; autrement dit, il n'a produit aucune substance distincte en la tirant de lui-même et est resté fermement dans son être. Une créature de ce mode eût été en effet une partie de la substance divine détournée et disjointe de la totalité divine.

---

1. *Cf.* Paul, *Timothée*, II, 2, 13 : « Dieu ne peut se renier lui-même ».

2. Ce que Dieu n'a pas rendu possible, alors qu'il est le tout-puissant, il ne l'a pas produit par suite de quelque défaut, mais en raison de la surabondance de sa puissance. Allusion aux *Actes des Apôtres*, XIII, 8, où le sorcier Elymas est aveuglé par saint Paul. Cité par Denys, *Des noms divins*, VIII, 6, 893b : « Sans doute le sorcier Elymas vient nous objecter : Si Dieu est tout-puissant, pourquoi votre théologien affirme-t-il que sa puissance connaît une limite ? » (Denys l'Aréopagite, *Des noms divins*, dans *Œuvres Complètes*, trad. M. de Gandillac, Paris, Aubier, 1943, p. 149-150).

3. *Des noms divins*, *op. cit.*, 825b, p. 137 : « Sans sortir de soi, Dieu se répand tout entier en toutes choses, tout ensemble stable et mobile sans être pourtant ni stable ni mobile, car il n'a ni principe ni moyen ni fin, n'appartenant à rien et n'étant rien de ce qui est ».

Reste que puisque Dieu n'a rien tiré de lui-même, il a tiré toutes choses du néant.

De toute éternité en effet rien n'était hormis Dieu qui, durant toute la première époque, fut seul dans l'être. Aucune matière ne lui fut coéternelle, aucune substance distincte non plus dont il aurait produit et tiré toutes choses. Il est en effet l'auteur de toutes choses visibles et invisibles, matérielles et immatérielles, il a posé la matière et l'a portée jusqu'à l'être ; seul il a précédé toutes choses durant toute l'infinité de cette première époque. Selon l'enseignement de ce qui précède, il n'a de sa substance rien produit ni engendré. Il en résulte que s'il n'a créé toutes choses ni de sa propre substance ni d'aucune substance distincte de lui qui lui aurait été coéternelle, il a tout engendré et produit à partir du néant, du non-être, de ce qui n'est pas[1]. Lui qui est en effet véritablement et qui est au-dessus de tout être a donné l'être à ce qui n'est pas. Ici éclate la vérité de la poésie sacrée et prophétique : « Vous êtes sorti du néant et votre œuvre de ce qui n'est pas ». Et en ce processus naturel où Dieu a commencé par ne rien tirer de sa propre substance pour tirer toutes choses du néant, se vérifie le raisonnement et syllogisme dont la fin et la conclusion détruisent et suppriment le moyen terme. Dieu en effet n'a d'abord rien créé, puis a créé tout de rien ; ces choses faites, le

---

1. Que les créatures ne peuvent avoir été de toute éternité est un thème sans cesse repris par les Pères : Athanase, *Oratio*, XXXII (*in* Athanasius Werke, K. Metzler et K. Sawidis ed., Berlin, New-York, 1998) ; Basile, *Contra Eunomon*, L, IV, Paris, Le Cerf, 1983 ; Augustin, *Contra Felicianum* ; Denys, *Des noms divins*, *op. cit.*, 821 bc ; Anselme, *Monologion*, cap. VIII (Indianapolis, Hackett Publishing Company, 1996) ; Origène, *Traité des Principes*, *op. cit.*, II, 1, 5.

néant cessa d'être. Paroles de vérité, en quelque sens positif ou négatif que l'on prenne le néant.

Au commencement de la seconde époque dès le premier instant Dieu a produit quelque chose dont la subsistance fit qu'il y eut quelque chose et que le néant cessa d'être.

S'avançant de toute éternité du fond de cet âge secret, chaotique et caché, sans aucun commencement, le parcourant en tout sens (sans rien produire hors de soi) et le traversant dans toute sa longueur[1], dès qu'il se fut porté à son terme c'est-à-dire au commencement de la seconde époque (la fin de la première est en effet le commencement de la seconde), soudain en un instant Dieu créa quelque chose et produisit un être entier, achevé, simple, spirituel, incorporel, non mesurable, indivisible, je veux dire une substance immatérielle et intelligente que nous appelons les anges, premières réalisations de la divinité, concepts, formes, modèles, paradigmes et idées de toute l'œuvre à venir ; de leur position à tous dans l'être, de leur achèvement ou mieux de leur subsistance, il s'ensuivit que le néant cessa d'être. À la première époque en effet, Dieu était seul et le néant avec lui, c'est-à-dire qu'aucun être ne l'accompagnait. Tandis qu'à cette époque Dieu était partout répandu, la suivante à peine

---

1. À prendre bien sûr au sens figuré. Martin Schook commente ainsi : « Quelles que soient les rêveries des partisans des espaces imaginaires, il n'est pas possible que Dieu contienne véritablement des espaces ou qu'ils soient par lui contenus, ni même qu'il existe en eux ou coexiste avec eux : imaginaires, ils ne sont pas en toute réalité et ne jouissent d'absolument aucun être réel, et doivent être considérés comme n'ayant hors l'esprit qu'un être négatif c'est-à-dire un pur rien » (M. Schook, *Tractatus philosophicus de nihilo*, Groningae, Viduae Edzardi Agricolae, 1661).

atteinte, un premier être naquit dont la subsistance fit cesser le néant. Une première créature naquit en effet pour inaugurer le plein de la seconde époque, en lequel Dieu entreprit de mettre un terme à tout vide et défaut d'être.

Depuis l'inassignable commencement de la première époque, tandis qu'il en parcourait toute la durée, Dieu ne créa rien en aucun point de rencontre, mais aussitôt qu'il eût déboulé jusqu'à la fin de cet âge et au commencement du suivant, il engendra et produisit dans l'instant la première créature.

Imaginons que Dieu s'avance ou se porte en droite ligne durant toute la première époque, lui dont le mouvement d'accomplissement jusqu'à nous a commencé au commencement de cette première époque, à une distance infinie du commencement de la seconde et de la fin de la première. Dieu en effet toujours de toute éternité se mouvait vers nous : à notre rencontre et à celle de notre époque se portait en ligne droite et s'avançait la cause de la création universelle. De cette manière en effet nous pouvons imaginer et représenter la règle et le principe de la création. Aussi longtemps qu'il fut dans toute la première époque, en aucun de ses pas comme en aucune de ses rencontres ou si l'on veut en aucun moment comme en aucun point de cette époque, Dieu ne créa quoi que ce fût ; il resta sans œuvre et sans fruit, sans production ni accomplissement de créatures. Comprenons en effet que d'abord il parcourut la terre stérile et aride du premier âge, sur laquelle il n'avait encore répandu les eaux porteuses de vie et de fécondité et qu'il avait jusqu'ici privée de sa rosée et de toute pluie, ne semant en elle aucune semence de vie et qu'ensuite il quitta ces terres désolées et absolument sèches pour se porter en une terre féconde, habitable et très fertile en créatures, sur laquelle il fit aussitôt pleuvoir l'eau porteuse de vie, qu'il baigna, féconda et engrossa de pluies très abondantes, pour produire en elle toute créature.

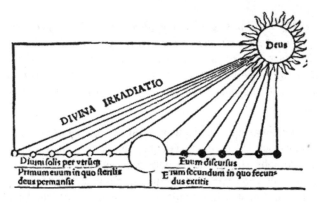

En bref, la première époque est comparable à une terre stérile, désertique, desséchée, impropre aux créatures (en raison du trop proche voisinage du feu du soleil divin), habitée par Dieu seul. Aussi longtemps en effet que Dieu arpenta et parcourut cette terre, il ne créa rien c'est-à-dire n'engendra rien. La seconde époque en revanche est comparable à un terroir soumis à un climat plus doux et plus tempéré, imprégné, en raison de la distance du soleil, des eaux porteuses de vie, fertile en créatures et naturellement fécond ; dès que la chaleur en elle-même vivifiante et fertile du divin soleil l'eût réchauffé, ce terroir, à partir de l'eau dont il fut fécondé, a engendré toute créature.

Si Dieu n'a rien créé de toute éternité, il ne créera pas non plus indéfiniment ; la création de l'univers étant limitée et achevée, il en conservera quelque chose pour l'éternité.

Si Dieu n'a rien créé dans toute la première époque, il engendrera quelque créature durant la seconde ; plus précisément il sera le façonnier de quelque substance. La suite des temps est en effet limitée, l'ouvrage de Dieu tout entier est lui aussi limité, accompli, exécuté et achevé dans le temps. Les saintes écritures attestent qu'en six jours Dieu a réalisé et achevé toutes choses, ou plutôt qu'il a produit les prototypes [1] de toutes choses. Bien qu'en effet de nouvelles générations apparaissent de jour en jour, le changement qui les affecte ne touche pas à leurs formes, car la mort et le renouveau ne concernent que les individus dans leur singularité. Depuis le commencement, les formes inengendrables et incorruptibles des choses ont toutes été établies par Dieu, elles sont depuis le commencement c'est-à-dire depuis le sixième jour de la création, et toutes ont subsistance pour durer jusqu'à la fin. Grâce à ces formes nous jugeons que l'univers n'est passible ni de génération, ni de corruption, ni de changement, puisqu'il se comporte toujours de même façon, qu'il est constitué des mêmes composantes, les formes naturelles des choses, et qu'il ne peut aucunement être augmenté ni être diminué. Aucune forme en effet ne peut être ajoutée à l'univers, aucune ne peut lui faire défaut, aucune lui être ôtée ni s'en distraire. Aussi

---

1. Il faut distinguer entre les idées incréées, qui habitent de toute éternité le Verbe divin et les raisons séminales créées par Dieu, à l'aube des temps, comme matrices de toutes choses à venir. *Cf.* Augustin, *De Genesi ad litteram*, IX, 17, 32, P.L. XXXIV, 406, (Villanova, Villanova University Press, 1980) ; *Quaestiones in Heptateuchum*, II, q.21, P.L. XXIV, 602 .

Dieu ne créera pas indéfiniment, lui qui a achevé toutes choses en ces six anciens jours. Non seulement pour les prototypes des choses mais aussi pour leur production individuelle et singulière, Dieu a assigné à la génération et à la corruption cette mesure et cette période, que nous disons être la consommation du siècle présent, le dernier soleil et la dernière heure de ce monde. Dès que celle-ci aura lui, toute naissance et toute mort, c'est-à-dire la génération et la corruption disparaîtront et seront suspendues pour toujours. Pourtant les choses qui ont été créées en ce siècle, c'est-à-dire qui ont été produites et accomplies dans le temps, seront pour la plupart épargnées par Dieu dans toute l'époque à venir, telles celles qui sont par nature immortelles et incorruptibles[1] comme l'ange, l'âme raisonnable et la matière. En effet de même que ces réalités ne sont pas nées ni n'ont été achevées par la vertu de la génération mais ont été produites à l'être dans l'instant et à partir du néant, de même elles ne peuvent périr par corruption, seul l'anéantissement[2] les pouvant réduire à néant. La même origine qui les a produites et accomplies à la lumière, peut seule leur faire faire retour aux ténèbres du néant[3] et les rejeter de l'être dans le non-être. De même que Dieu seul peut faire les choses de rien, de même Dieu seul peut les ramener au néant. Ce qui n'est pas soumis à la génération ne peut se corrompre ; des êtres simples

1. Immortelles et incorruptibles parce que sans parties ; ce qui est simple et indécomposable.
2. Ce que la puissance de Dieu a tiré du néant, la même puissance peut le réduire à néant ; mais si les créatures sont, dans leur composition, sujettes à la génération et à la corruption, les éléments dans leur simplicité sont impérissables.
3. La connotation du néant par les ténèbres laisse entendre que celles-ci ne sont pas encore cet *Ungrund* générateur de la lumière elle-même qu'elles deviendront chez Jacob Boehme, mais qu'elles ne sont qu'un *nihil negativum*.

et sans parties ne sont pas sujets à décomposition, ils sont immortels et doivent nécessairement subsister.

Entre l'une et l'autre époque s'ouvre le temps médian de la création de toutes choses.

Nous avons commencé par diviser l'éternité tout entière en deux époques, la première et la seconde, l'époque de Dieu et celle des créatures. Nous la partageons maintenant en trois, deux époques comme précédemment et, pris sur le début de la seconde, un temps médian qui est la mesure et la durée de la création et de l'accomplissement de toutes les choses, dans leur singularité individuelle comme dans leur forme spécifique. L'écoulement des six jours est en effet le temps de la création et de l'achèvement de toutes les formes, tandis que le temps de la création et de l'achèvement de toutes les choses en leur singularité individuelle couvre toute la durée de ce monde. Le nombre de toutes les formes a été en effet arrêté et créé par Dieu dans les six jours. L'abondance en revanche de chaque espèce et le nombre de ses composants singuliers ont besoin de toute la durée et de toute la persistance de ce monde visible pour se parfaire et s'achever. Or Dieu a établi ce monde corporel et visible dans le temps et lui a assigné des limites, un commencement et une fin. Il l'a mis en suspens entre les deux âges. Il engendre enfin dans le monde présent, accomplit, achève et porte à son comble ce qu'il épargnera et conservera dans l'être tout au long de l'âge à venir, Au cours de la première époque, Dieu n'a rien créé ; au cours de l'époque à venir il ne créera rien et n'accordera l'être à aucune substance nouvelle. En vérité, rien ne sera dans le siècle à venir qui n'ait eu sa naissance dans le temps présent, c'est-à-dire dans la durée de ce monde. Dans le temps et le siècle présent, Dieu a

produit et produit encore chaque jour ce qu'il accueillera dans
l'époque à venir. Il a créé les anges dans l'instant et le
commencement du temps, de même après les anges la matière[1]
dans l'instant. À partir de celle-ci, il a achevé et porté à leur
comble les formes des créatures sensibles dans le temps et
selon le rythme des six jours[2]. Il a produit de même l'âme
raisonnable dans l'indivisible du temps : d'elle et de la matière
il a assemblé, composé, et achevé la substance humaine le
sixième et dernier jour. Dans l'époque à venir, Dieu préservera
les anges et les âmes raisonnables ; à cause d'elles, il admettra
dans cette même époque la matière[3]. À partir de la matière en
effet, il renouvellera le corps humain qui dans le siècle présent
a sué sang et eau dans sa lutte avec l'âme et qui dans l'époque à
venir, tout de lumière et d'immortalité, lui sera uni pour un
hymen sans fin. Dans le siècle à venir, rien ne sera qui ne fût
dans le présent ; pourtant bien des choses sont dans le présent,

1. Selon Origène, la matière aurait même été créée après le péché, pour que
la mort des créatures déchues puisse être suivie de leur résurrection : la
subsistance de la matière est en effet le gage d'une nouvelle création.

2. La symbolique des six jours se retrouve dans les six âges du monde, les
six pères des six âges, les six soirs et les six matins, rythmant l'histoire du
peuple juif sur le mode sénaire ; *cf.* H. de Lubac, *Catholicisme*, Paris, Aubier,
1947, p.119-124.

3. On sait que les Pères font de la création de la matière le critère de
distinction entre le Dieu chrétien et le démiurge platonicien (cf. Justin,
Cohortatio ad Graecos, P.G. VII, 1248 ; Hippolyte, *Contra haeresim Noeti*, 10,
P.G. X, 817 ; Origène, *De principiis*, I, praef. 7, P.G. XI, 119 ; Ambroise,
Hexaemeron, 2, I, 2, P.L. XIV, 145 ; Cyrille d'Alexandrie, *Contra Julianum
imperatorem*, 2, P.G. LXXVI, 584. Si le monde est créé *ex nihilo* et non point
fabriqué *de materia*, la matière est elle aussi créée, même si elle l'est comme
préalable à la formation des êtres hylémorphiques. Bien qu'elle ait eu un
commencement dans le temps, elle n'aura de cesse, car elle est simple d'une
part et d'autre part requise de la résurrection des corps.

qui ne verront absolument pas cet avenir d'immortalité et qui n'accèderont pas du tout à cette époque. Dans l'âge révolu donc Dieu était absolument ; dans le siècle actuel il créa toutes choses ; dans l'avenir, il épargnera quelques êtres, comme l'ange, l'âme et la matière. On a ici en effet le ternaire de l'immortalité créée et conservée : de Dieu on peut dire que dans la première époque il existe, dans le temps il crée, dans l'avenir il épargne et conserve, réchauffe et nourrit.

CHAPITRE V

QU'EN REGARD DE DIEU TOUS LES ÊTRES NE SONT RIEN

La substance divine est infinie en acte.

Ce que Dieu est en effet en sa durée, il l'est à coup sûr aussi en sa substance. C'est d'abord parce qu'il existe sans limite et sans borne quant à sa substance, qu'il est continu et éternel dans sa durée. De même que sa durée ne commence ni ne finit, de même sa substance n'a pas de limite. Qu'on imagine en effet l'éternité comme une dimension qui évaluerait et mesurerait la substance divine tout entière ; qu'on déploie la substance divine dans toute l'éternité, on affirmerait qu'elle est aussi vaste que l'intervalle de l'éternité tout entière, infinie en son acte. Toute mesure en effet est égale à ce à quoi elle est congruente comme mesure. Ce schéma sensible aidera beaucoup à comprendre que la substance divine est infinie en acte.

L'éternité infinie en acte est la dimension et la mesure de la substance divine
LES INFINIS SONT ÉGAUX (¹)
La substance divine infinie en acte est congruente à l'éternité tout entière

1. Comme les mathématiciens de son temps, Bovelles ne saurait admettre différents ordres d'infinitude ; d'où la congruence, selon lui, de tous les infinis qui en définitive ne font qu'un, s'identifiant en Dieu et à Dieu. On sait cependant que dans son *Propositum de Infinito*, publié en 1506 et réédité en 1508

Ou si l'on préfère, qu'on imagine la substance divine traversant tout l'espace et remplissant tout ce que l'on peut mentalement concevoir en fait d'étendue, depuis le centre de la terre et le milieu du monde jusqu'à l'univers entier ou si l'on veut jusqu'à n'importe quel écart de position c'est-à-dire jusqu'à la plénitude solide et corporelle de la sphère totale qui n'a ni bord ni circonférence[1]. Par ce moyen encore on concevra facilement que la substance divine est infinie en acte. Celle-ci en effet n'est limitée ni dans le temps ni dans le lieu ; elle surpasse, transcende et embrasse en les dominant tout temps et tout lieu, immense et infinie sous l'un et l'autre rapport.

Si la substance de Dieu est infinie, son extension hors de lui est limitée et toute son œuvre est finie.

Il ne peut y avoir en effet deux êtres infinis en acte extérieurs l'un à l'autre ; le premier infini en acte occupe en effet le lieu tout entier et se répand par toute l'éternité, sans laisser la moindre place au second infini ni la moindre part ou portion de durée propre ou de substance. Si l'on admet l'existence de deux infinis en acte, il est nécessaire que le second soit coéternel au premier et qu'il ait éternellement même lieu que lui ; il est derechef nécessaire que le second

et en 1510, Jean Mair fondait la divisibilité à l'infini de tout nombre en proportionnelles et le développement sans fin de la spirale plane sur la réalité d'un infini actuel en grandeur qui serait l'expression de l'infini actuel en perfection qu'est Dieu (*Cf.* H. Elie, *Traité de l'infini*, Paris, Vrin, 1937).

1. Reprise de l'image de la sphère infinie qu'une longue tradition reprend des XXIV Philosophes à Nicolas de Cues.

appartienne au premier, c'est-à-dire qu'il soit inscrit en lui, conjoint et consubstantiellement uni à lui ; ensemble ils ne seront plus deux infinis mais constitueront une unique substance infinie[1]. Ainsi nous affirmons que la substance divine est infinie en acte, que chaque personne divine est infinie en acte et nous disons qu'il n'y a pas trois infinis en Dieu mais que Dieu est un infini unique et trinitaire. Tout ce qui donc est extérieur à la substance divine, tout ce qui est produit par elle et toute extension hors d'elle et créature venant d'elle est fini en acte. L'infini en effet ne produit et n'engendre qu'en lui-même et dans sa propre substance un infini égal à lui-même. Il ne s'étend en revanche hors de sa propre substance que d'une quantité inégale et limitée, plus petite et sans proportion avec lui.

Le fini est sans proportion avec l'infini ; aucune commune mesure de l'un à l'autre.

L'infini transcende en effet infiniment et de manière incalculable le fini et le surpasse démesurément. Toute proportion suppose deux termes réciproques, ainsi la commensurabilité d'un nombre à un autre. Il n'y a donc aucune proportion d'un infini à un autre. Si l'on veut en effet faire l'épreuve de ce qui dans le sensible est infini en acte, on en trouvera maints signes. Bien des choses en vérité dans le sensible sont infinies en acte qui sont sans commune mesure

---

1. Jean Mair (*Propositum de Infinito*, *op. cit.*) avait établi que deux infinis en acte ne sauraient se distinguer substantiellement parlant ; cf. *Traité de l'infini*, trad. M. Elie, 2ᵉ éd. par J. Biard, Paris, Vrin, 2014.

avec les autres êtres de même espèce[1] ; ainsi la circonférence
est un polygone infini en acte embrassant et contenant la
somme de ses angles en lui-même sur le mode de l'unité et de
l'uniformité. La circonférence en effet est infiniment éloignée
de tout polygone ,elle qui ne comporte pas d'angles, de sorte
que nous ne pouvons franchir par aucune extension ni multi-
plication des angles la distance qui la sépare de quelque polygone sensible que ce soit. Que le polygone tende d'autant plus
vers la circonférence qu'il a un plus grand nombre d'angles ne
constitue pas une objection. Toujours en effet tout polygone
restera à une infinie distance de la circonférence. Et si l'on
suppose un dernier polygone aussi proche que possible de la
circonférence et très semblable à elle, elle n'en sera pas moins
distante que le triangle qui est le premier des polygones. Si en
effet tout infini est égal à tout infini, tous les polygones
diffèrent et sont distants d'un égal intervalle de la circonférence. Puisqu'en effet entre chaque polygone et la circonférence surviennent et s'interposent des polygones en nombre
infini, ainsi toute créature, étant finie en acte, est à distance
infinie de Dieu qui la dépasse infiniment d'un nombre infini
d'intervalles infinis et égaux. Et Dieu transcende l'ange qui est
au premier rang des créatures dans un rapport qui n'est pas
inférieur à celui dont il transcende la matière qui n'est presque
rien et qui est rangée au plus bas et dernier degré. Dieu en effet
transcende tant l'ange que la matière et toute créature intermédiaire sans davantage de rapport, de proportion ni de
raison. De même que l'angle le plus aigu et l'angle le plus
obtus, comme nous l'avons enseigné dans notre livre *Du*

1. L'infini est ici l'expression de l'incommensurabilité, soit celle de la
circonférence au polygone inscrit qui ne sont susceptibles d'égalité qu'à
l'infini.

sentiment[1], ayant chacun sa propre raison, sont infinis en acte, incommensurables et incomparables aux autres qui sont de même raison, de même en est-il de Dieu par rapport aux créatures et de la circonférence par rapport aux autres polygones.

Il en résulte que toute créature est par rapport à Dieu comme un non-être et un néant.

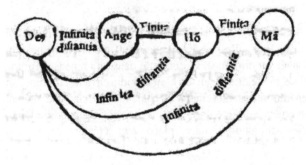

Si Dieu est un être et la créature aussi, Dieu est un être infini, la créature un être fini. Dieu est un être innombrable et au-dessus de tout nombre ; la créature en revanche est un être nombrable, soumis au nombre et à la mesure. L'être de la créature est sans proportion avec l'être de Dieu, sans réalité devant lui. De même toute la masse de la terre comparée au ciel, est au dire des astrologues un rien et un atome. Semblablement tout angle aigu s'anéantit en regard du plus

---

1. *De sensu*, éd. H. Estienne, Paris, 1510, cap. XII, 6, p.33. L'angle le plus obtus et l'angle le plus aigu sont présentés comme les figures respectivement de la vue et de l'odorat, sans commune mesure entre eux, le premier s'ouvrant et le second se fermant toujours davantage.

aigu, tout angle obtus en regard du plus obtus. L'ange aussi est presqu'un non être et un rien face à Dieu, l'homme un rien et un néant en regard de Dieu[1]. Non-être et néant la matière face à Dieu, toute créature en regard de Dieu un néant, sans réalité ni existence[2].

Il en résulte en retour que Dieu est inchangé par la création de l'univers et qu'il peut, tout en restant le même, créer créatures et mondes en nombre infini.

Qu'on ajoute à une ligne un point sans épaisseur ou qu'on le lui enlève, elle ne sera aucunement modifiée, ni ne sera allongée ou diminuée. Qu'on jette dans un immense feu une infime gouttelette d'eau, on n'en éteindra en rien la flamme, on n'en diminuera nullement la chaleur et l'éclat. De même, l'émergence des créatures n'a en aucune façon modifié Dieu, nullement tenu à faire place aux créatures qui sont

---

1. Comme toute créature, l'homme est dans l'entre-deux de Dieu et du néant ; il ne participe pas de Dieu mais par lui a été créé ; il participe en revanche du néant qui ne l'a pas créé. D'une formule lapidaire les *Theologiae conclusiones* disent : « Non ex deo sed a deo, non a nihilo sed ex nihilo » (III, 64). Que l'homme est un néant en regard de Dieu, philosophes et spirituels le rediront après Bovelles : Montaigne opposera, dans son *Apologie de Raymond de Sebond*, à la présomption de l'homme la « nihilité » de sa condition ; Bérulle en ses *Opuscules de Piété* (Paris, Éd. G. Rotureau, 1943, P. 119) fait de l'homme « un néant environné de Dieu, indigent de Dieu, capable de Dieu et rempli de Dieu s'il le veut » ; le P. Lorenzo Scupoli, dans son *Combat spirituel* (Paris, Éd. Grégoire Dupuis, 1699), professe que se connaître revient pour l'homme à connaître son néant.

2. Si le thème est banal dans la tradition dionysienne et cusaine et dans la littérature mystique, le problème se pose de la polysémie du mot *néant*, désignant non plus ici un *nihil negativum*, mais un *nihil ad aliud* c'est-à-dire un *nihil relativum* ou encore *privativum*.

comparables au point, nullement chassé par elles de son lieu ni menacé dans son éternité par la naissance du temps, ni contraint à changer de dessein et de volonté, comme si tour à tour il avait et n'avait plus voulu produire l'œuvre de l'univers. C'est de toute éternité et toujours en effet qu'il a voulu, projeté et compris ce que depuis le commencement jusqu'à la fin des temps il a achevé ou doit achever. En effet puisque les principales forces, puissances et facultés sont au nombre de trois, toute action et effectuation procède de leur chœur à l'unisson et de leur accord naturel. À considérer l'intelligence, le pouvoir et la volonté, il est évidemment impossible qu'aucune de ces facultés vienne à manquer au suprême bonheur de Dieu ou lui soit ajoutée du dehors. En vérité tout ce qui est en Dieu est Dieu même ; tout ce qui est de quelque façon contenu en Dieu ou est censé lui appartenir est éternel, tout comme Dieu est éternel. La substance divine n'a été ni façonnée ni acquise. Rien de ce qui est dit appartenir à Dieu n'a été façonné, n'a pris naissance de quelque façon que ce soit ni n'a été acquis. Que l'on attribue quelque réalité ou quelque raison à Dieu, elle ne fait qu'un avec la substance divine et ne se distingue nullement de cette substance tout entière. Quelque attribut qu'on lui reconnaisse, il se confond avec elle et lui est coéternel. Dieu a donc discerné de toute éternité ce qu'il devait faire par la suite ; il l'a pu et voulu aussi. Pourtant l'opération « création du monde », n'étant ni éternelle ni nécessaire mais inscrite dans le temps et contingente, est une conséquence de l'intelligence, du pouvoir et de la volonté éternelle. Cette opération a en vérité, dès le commencement, accompli toute chose selon son espèce, mais c'est avec le temps qu'elle l'achèvera en ses individualités. Elle n'a pas vu son pouvoir changer comme si au départ elle en avait manqué ou qu'ensuite elle n'avait pas pu produire davantage c'est-à-dire créer plusieurs mondes. Toujours en

effet elle fut capable de créer le monde : de toute éternité elle a
eu la faculté, la force et le pouvoir de créer l'univers, pouvoir
qui est reconnu devoir lui appartenir sans fin et pour l'éternité
et qui peut à nouveau engendrer une multitude de créatures et
des mondes en nombre infini[1]. Dieu cependant est unique,
aussi s'est-il fait suivre d'un seul monde, s'est-il révélé et
manifesté en un seul.

1. Cet infini ne fait pas concurrence à l'infini divin ; il s'en distingue, selon
Jean Mair, comme l'infini actuel en grandeur de l'infini actuel en perfection. Le
dix-septième siècle préférera jouer sur la distinction entre indéfini ou infini
potentiel et infini actuel.

CHAPITRE VI

QUE TOUTES LES CRÉATURES ONT LEUR RECETTE[1] DANS LE NÉANT, QUI NE SE RETIRE PAS DEVANT ELLES, ET QU'EN LUI ELLES DEMEURENT

Si toutes choses ont été créées par Dieu à partir du néant, dans le néant elles trouvent place, équilibre et disposition respective.

Si dans une même matière vient au jour et prend appui et soutien toute actualisation naturelle d'une forme, si dans une même matière toute substance sensible se produit et trouve appui, fondement et soutien, semblablement le néant et le non-être, pour Dieu créant l'univers, ont d'une certaine façon tenu lieu de matière[2] et exprimé le côté nocturne des choses. De rien en effet Dieu a créé tous les êtres, dans le néant il les a mis en équilibre, respectivement disposés et arrêtés. De même en effet que la matière sous-tend toute actualisation naturelle qui trouve en elle recette et soutien, de même le néant sous-tend toute créature qui trouve en lui recette et soutien[3].

---

1. Nous l'entendons au sens étymologique du lieu où l'on se retire.

2. Cette substitution du néant à la matière est justement ce qui distingue l'opération du créateur de celle du démiurge.

3. Que le néant sous-tende toute créature est l'indice de leur absolue contingence et de leur précarité ontologique ; cf. *Physicorum Elementorum Libri*, Paris, 1310 : « Omnia a deo sponte et nulla necessitate creata (I, 4).

L'être n'a pas l'être pour recette mais seulement le néant.

Les substances des choses sont par nature sans mélange ni confusion, distinctes selon leur ordre et subsistant séparément, chacune à son niveau, en son siège, en son lieu. Or si l'être avait l'être pour réceptacle et la substance la substance, les substances des choses seraient mêlées et confondues, simultanées, indistinctes, sans ordre, à la manière d'une substance unique. L'être donc ne repose pas sur l'être mais sur le non-être [1], comme on l'a dit, il a le néant pour réceptacle et soutien.

Il en résulte que tout être est dans le néant, le plein dans le vide, l'être dans le non-être, comme dans leur lieu.

Avant en effet que toutes choses soient et demeurent, le néant était. Toutes choses trouvent leur réceptacle dans ce néant d'où elles ont été tirées, faites à partir du néant et placées dans le néant [2]. Deux raisons font qu'elles n'ont pu reposer sur quelque chose: il n'y avait rien où elles auraient pu être établies et disposées et, quand bien même il y aurait eu quelque chose, elles ne pouvaient y être placées, puisque l'être ne peut absolument pas trouver son être ni son réceptacle dans un autre être. Tout est donc sur fond de néant : le plein est dans le vide, l'être repose sur le non-être, reçu en lui comme en un lieu.

---

1. Si le néant est l'indice de la précarité de toute créature, il est aussi l'agent de leur diversification dans l'espace et dans le temps. La négation retrouve ici la valeur diacritique qu'elle avait chez Platon, pour lui adjoindre un commentaire ontologique : le passage de l'un au multiple est passage de l'être au non-être.
2. Dire que tout être est dans le néant comme dans son lieu, c'est déjà poser l'idéalité des relations spatiales.

Le néant ne disparaît pas devant les créatures, il cohabite avec elles.

L'être peut trouver sa recette dans le non-être, cohabiter avec lui. Puisqu'en effet le non-être n'est rien, en aucune manière, il ne peut contenir ou entraver l'expansion, l'établissement ou la maintenance de l'être. En outre, comme on l'a dit, l'être ne peut trouver recette dans l'être. Un être ne peut en aucune façon être mêlé ou confondu avec un autre être, l'un se retire devant l'autre, repousse l'autre, s'oppose à l'autre et ne peut ni coexister ni cohabiter avec lui. Aussi devant un nouvel être l'être se retire, tandis que le non-être ne se retire pas, puisqu'il n'est rien, mais l'être cohabite avec lui, trouve accueil en toute son extension et se mêle à lui tout entier. L'être tout entier prend appui sur le non-être tout entier. Le néant donc ne se retira en aucune façon quand surgirent et se posèrent les créatures, il accueillit en lui toute créature et avec toute coexista[1].

Le néant est comparable à un vaste et immense vide, taraudé d'une infinité de vides infimes, lui qui donne recette à tout sans se retirer.

Puisqu'en effet le néant est néant, il ne se retire devant rien et n'est repoussé par rien. Si en effet le néant était quelque chose, il se retirerait devant une autre chose. S'il était un être, il céderait à un autre être et n'admettrait en lui aucun être mais serait par lui repoussé. Si le néant était plein, il serait un être et ne pourrait être rempli d'être. De même si le néant était fini, il

1. Cette coexistence indique la pauvreté ontologique des créatures, elle est le gage de leur multiplicité, de leur diversité, de leur dispersion dans l'espace et le temps.

serait à coup sûr un être et ne pourrait être en aucune façon le lieu de l'être. Le néant est donc cet immense vide, taraudé d'une infinité de vides infimes, qui ne se retirant devant rien accueille tout en lui-même. Tout être en effet a pour recette un vide approprié, comme son lieu particulier et équivalent. Si Dieu créait une pluralité de mondes, il les tirerait tous du même néant et les disposerait dans le même néant[1], dont il ne comblera ni ne rassasiera jamais l'appétit.

Le néant est infini en acte, non être dans la même mesure que Dieu est être.

Dieu est un être infini en acte, de même le néant est un non-être infini en acte. Le néant en effet s'ampute d'autant d'être qu'il en est en Dieu. Or la quantité d'être de Dieu est infinie en acte. L'être de Dieu est infini en acte et mesuré, comme nous l'avons dit, par l'éternité tout entière. Or le néant est semblablement un non-être infini en acte. Le néant est non-être dans la même mesure que Dieu est et subsiste, or Dieu est infiniment, donc c'est infiniment que le néant n'est pas[2]. Derechef, le néant est séparé de l'être de la distance qui sépare Dieu du non-être ; or la distance qui sépare Dieu du non-être est non-mesurable et infinie en acte. Aussi l'intervalle séparant le néant de l'être sera-t-il infini en acte et illimité. Le néant est en effet aussi éloigné de Dieu que Dieu du néant : la distance qui

1. Il est remarquable que le néant dont Dieu tire toutes choses soit le même que celui dans lequel il les dispose ; l'idéalité de l'espace est donc apparue comme un corollaire de l'idée de création ex nihilo.

2. L'infinité en acte du néant est induite de l'infinité en acte de Dieu, elle en est comme l'envers négatif, de telle sorte qu'à proprement parler il n'y a pas deux infinis en acte mais un seul, à savoir Dieu.

les sépare est le même espace, la même longueur sans mesure ni limite, infinie en acte.

Il en résulte que Dieu jamais ne supprime le néant ni ne le change tout entier en l'être.

Le néant est en effet infini en acte. De ce fait, il est irréductible et inépuisable. Aucune créature donc – même si Dieu continuait à en créer dans l'infini des siècles -ne supprimera jamais le néant[1] ; jamais le néant ne sera achevé en acte, jamais il ne sera tout entier changé en être. Tout ce que Dieu ne cesse de tirer du néant est en regard de la totalité du néant comme un rien, une quantité négligeable, un point. Disons et redisons que toutes les choses qui subsistent ni plus ni moins, ont été faites par Dieu et par lui tirées du néant, n'ont permis au néant tout entier de progresser et de s'étendre vers l'être que de l'épaisseur d'un point. Infime est tout ce qui a été tiré du néant et produit ; infini en acte en revanche est ce qui demeure à l'état de néant, n'a point été fait, ni amené à l'être. Plus nombreuses sont les choses qui ne sont pas que celles qui sont, plus nombreuses sont celles qui peuvent être faites que celles qui sont accomplies. Les choses qui ont été accomplies sont en effet finies en acte ; celles qui ne l'ont pas été ou qui peuvent encore être créées par Dieu et tirées du néant sont infinies en acte. Or si le néant était un jour supprimé par Dieu et tout entier changé en être, ce qui aurait été fait par Dieu et serait sorti du néant, serait infini en acte, égal à Dieu, extérieur et séparé de lui ; la toute-puissance divine s'en trouverait supprimée, bornée et terminée, car alors un être extérieur à elle,

---

1. Parce que cette création serait indéfinie et non point infinie, sans quoi il y aurait deux infinis positifs en acte, ce qui est impossible par définition.

infini en acte et égal à elle l'aurait envahie, submergée et remplie. Or de même que Dieu ne peut être supprimé ni absorbé par les créatures ni devenir tout entier extérieur à lui-même, de même le néant est inépuisable lui qui jamais ne passera tout entier à l'être[1]. Et de même que Dieu ne peut être vidé de son être, de même à l'inverse le néant ne peut être rempli par l'être.

1. Un monde infini en acte se confondrait avec Dieu, ce serait le panthéisme.

Chapitre VII

Que toutes choses sont placées et disposées en Dieu autrement que dans le néant

Dieu est une sphère infinie dont le centre est, dit-on, partout et la circonférence nulle part.

Que l'on se représente, comme plus haut, l'éternité par une ligne droite, d'un côté comme de l'autre illimitée et infinie en acte[1]. Cette éternité ou cette ligne mesure le diamètre de toute la sphère et substance de Dieu. Sur une telle éternité linéaire, tout point que l'on pourra marquer et porter sera le milieu à égale distance des extrêmes. Puisqu'en effet l'éternité tout entière est sans bornes, tout point de celle-ci en est nécessairement le milieu. Derechef puisque les bornes de l'éternité tout entière sont distantes d'un intervalle infini en acte, tout point que nous assignons, portons ou marquons sur l'éternité est à égale distance du commencement et de la fin de l'éternité. Il n'est pas en effet de point médian de l'éternité qui soit plus près de son commencement que n'importe quel autre ni aucun autre qui s'approche plus qu'un autre de son terme. Non seulement tous en sont le milieu, également distants du commencement et de la fin, mais aussi les milieux sont à même distance de la fin que le commencement de cette même fin et réciproquement les

1. Voir Nicolas de Cues, *De la docte ignorance*, I, 13 « De passionibus lineae maximae et infinitae », Paris, Éd. Lefèvre d'Etaples, 1514, t. I, fol. V ; trad. fr., *op. cit.*, p. 65-67.

mêmes milieux sont aussi éloignés du commencement que la fin du commencement. Infinies en acte toutes les distances sont égales entre elles. On comprendra donc que ce qui est dit de l'éternité et du diamètre de la sphère tout entière (qui est illimitée en acte) soit dit proportionnellement de la substance et sphère divine.

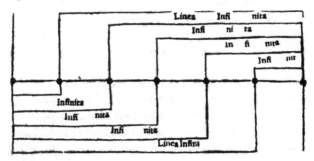

En effet de même qu'est centre et milieu n'importe quel point de l'éternité tout entière, vu que ses bornes ne sont pas repérables, de même n'importe quel point de toute la sphère divine en est le centre, à égale distance de tout point de la circonférence qui est en effet infinie[1].

1. *De la Docte Ignorance*, I, 23, fol. Xr.; trad. fr, *op. cit.*, p. 90 : « Transumptio spherae infinitae ad actualem existentiam Dei ». L'image de la sphère infinie vient du *Livre des XXIV Philosophes* ; on la retrouve chez Alain de Lille, Bonaventure, Bradwardine, Maître Eckhart, chaque fois appliquée à Dieu. À partir de Nicolas de Cues, elle désigne aussi l'univers considéré comme une théophanie : « Unde erit machina mundi quasi habens ubique centrum et nullibi circumferentiam » (*De la docte ignorance, op.cit.,* II, 12, fol. XXIVv ; trad. fr., p. 152).

Dieu est infini en acte parcourant le plein de la nature corporelle, partout présent dans la diversité des sites et des lieux.

Le plein de la nature corporelle est mesuré par trois dimensions et intervalles, la longueur, la largeur et la profondeur, que l'on figure par trois axes se coupant en un même centre. Les extrémités de ces trois axes désignent les différences de sites et de lieux : en haut, en bas, à droite, à gauche, devant, derrière. Figurons donc la triple éternité par trois droites ou axes se rencontrant en un même centre ou milieu et se coupant en un même point à angle droit, allant à l'infini sans aucune limite, ni contenus, ni terminés par aucune détermination de lieu. Par ces trois éternités et axes est représentée, en longueur, largeur et profondeur, l'expansion infinie, démesurée et incompréhensible de toute la sphère et substance divine[1].

Il en résulte que Dieu est la véritable et complète saturation de cet espace corporel creux et vide (que nous concevons mentalement comme infini en acte) et qu'il supprime tout creux, tout néant et tout vide.

Posons, à titre d'hypothèse, un point origine. L'esprit conçoit tout autour l'expansion illimitée de la plénitude

---

1. Voir Nicolas de Cues, *De la docte ignorance, op.cit.,* I, 23, fol. Xr., trad. fr., p. 90-91 : « Au centre de la sphère infinie, les trois lignes maximales de la longueur, de la largeur et de la profondeur se rencontrent. Mais le centre de la sphère maximale se confond avec son diamètre et sa circonférence. Dans la sphère infinie, le centre est donc égal aux trois lignes. Ainsi toute longueur, toute largeur, et toute profondeur s'identifieront au maximum parfaitement simple et infini, dans lequel ils sont l'Un absolument simple et indivisiblement maximal ».

corporelle achevée, infinie en acte dans toutes les directions,
comme on l'a dit. Cette extension ou infini en acte, qui
constitue toute la sphère et substance divine, l'entendement en
vérité ne peut en aucune façon la suivre ni l'embrasser ni la
circonscrire en lui-même. Il discerne cependant, connaît et sait
qu'elle est infinie, qu'elle passe sa prise, qu'elle excède la
faible capacité de sa compréhension[1]. Discerner un être dans
son infinité ce n'est pas le circonscrire dans notre intelligence
ni le contenir lui qui est infini, mais c'est savoir et discerner
qu'un être infini ne peut être embrassé et qu'hors toute mesure
et évaluation il passe toute capacité. Nous-mêmes connaissons
Dieu de cette façon et déclarons qu'il est infini ; en effet nous
ne connaissons pas Dieu, parce que nous nous saisirions de lui
par notre esprit, et nous n'estimons pas infini ce que nous
pourrions tenir à l'intérieur du palais fini de notre entendement, mais nous tenons Dieu pour infini parce que nous
croyons, discernons et savons d'une foi certaine[2] qu'il nous est
inaccessible, élevé au-dessus de nos têtes, hors de notre vue,
infini en acte. Or savoir que l'on ne peut pas comprendre ce
n'est pas du tout comprendre ; savoir que l'on ne sait pas ce
n'est pas savoir ; pourtant de Dieu nous ne pouvons prétendre à
un autre savoir qu'à celui de notre ignorance et de notre

---

1. Bien qu'il soit incompréhensible, l'infini est, chez Bovelles comme chez
Nicolas de Cues reconnu comme tel par l'entendement humain ; ainsi
connaissons-nous Dieu comme infini en acte.

2. Le mot *fides* chez Bovelles, comme chez Nicolas de Cues, désigne tantôt
la première vertu théologale, tantôt l'intelligence fécondée par l'adhésion à
Dieu ; cf. *De la docte ignorance, op. cit.*, III, 11, fol.XXXIv. ; trad. fr., p. 203-
204 : « Fides est in se complicans omne intelligibile. Intellectus autem est fidei
complicatio. Dirigitur intellectus per fidem et fides per intellectum extenditur ».

nescience à son endroit[1] ; autrement Dieu reste pour nous dans la nuit de notre ignorance et ne peut en fin de compte être saisi par nous. En effet à la science de Dieu nous n'accédons pas autrement que dans l'ignorance, la nuit, la négation et non dans la lumière, la science et l'affirmation. Donc puisque Dieu est infini en acte, il emplit tout l'espace creux et vide (que nous concevons et imaginons illimité et infini) de sa substance et de sa présence, détruisant de lui-même tout creux, tout néant, tout vide, tout non-être.

Il en résulte aussi qu'en dehors de Dieu il ne subsiste rien, ni creux, ni néant, ni vide.

Si en effet hors de Dieu subsistait du néant, c'est-à-dire du creux ou du vide, Dieu ne serait pas infini. Il serait entouré, enserré, contenu d'un néant creux et vide, ce que nous estimons impossible. Par conséquent dans l'univers c'est-à-dire dans la dissémination à l'infini et le plein des corps, ni le néant, ni le creux, ni le vide n'ont obtenu lieu ou place ; il n'est pas la moindre espèce ni sous-espèce de tout ce plein où on les trouve logés et disposés[2].

---

1. Voir Nicolas de Cues, *De la docte ignorance*, *op. cit.*: « Docuit nos sacra ignorantia Deum ineffabilem, et hoc qui major est per infinitum omnibus quae nominari possunt » (I, 26, fol. XIIr ; trad. fr., p. 100).

2. L'univers créé ne saurait impliquer le moindre néant, donc le moindre vide, car, si le néant est le *terminus a quo* de la création, que Dieu vienne à s'y manifester soit en son opération soit en sa puissance, il n'est plus de place pour le vide.

Il en résulte derechef que toutes choses ont leur recette et subsistance non pas dans le néant mais en Dieu.

De ce qui précède en effet il résulte que ni néant ni creux ni vide n'existent en dehors de Dieu ; au plein de Dieu ne se dérobe aucun espace, où Dieu aurait pu disséminer toutes choses et où celles-ci auraient trouvé recette. Le plein de Dieu ne peut être diminué, ni Dieu être à l'étroit ou contraint de se replier sur lui-même à cause de ses créatures, de telle sorte que subsistât ou que fût laissé un espace extérieur où elles auraient leur recette en dehors de Dieu. Lui qui a créé et porté à leur achèvement toutes les créatures, leur a fait accueil en lui-même et en son plein sans se retirer et c'est en lui qu'il les soutient, les porte, les embrasse, les contient et les conserve [1]. Toutes les créatures en effet sont en regard de Dieu comme un point et un néant ; devant elles Dieu ne se retire pas plus que devant un point ; par elles il n'est en aucune façon modifié.

L'ensemble des créatures, c'est-à-dire l'univers, est comparable au centre médian de la sphère infinie et substance divine.

De ce qui précède il suit que l'ensemble des créatures, c'est-à-dire l'univers, a sa recette en Dieu et en Dieu sa subsistance : en lui, dit à peu près la sainte et divine Écriture [2], nous avons notre être et notre mouvement ; par lui nous sommes portés et contenus ; comme un rempart de feu il stabilise, soutient, entoure et enserre son œuvre tout entière ; son œil fixe, éclaire et distingue toutes choses, lui qui met en

1. Il résulte en effet de l'alinéa précédent que si toutes les créatures sont en un sens disposées dans le néant, elles sont en un autre disposées en Dieu.
2. *Acte des Apôtres*, XVII, 28.

lumière ce qui est caché dans les ténèbres, qui fait succéder le jour à la nuit, ses yeux dans le lointain distinguent la terre et ses habitants gros comme des insectes. Plénitude égale à elle-même et immense de la sphère infinie tout entière, Dieu est à l'opposite[1] de tout son ouvrage ; celui-ci embrassant l'ensemble des créatures est une infime partie, un presque rien, le centre de la sphère divine tout entière[2].

D'où il est manifeste que l'ouvrage divin ne peut être prélevé sur l'être de Dieu et que celui-ci peut créer des mondes à l'infini.

En effet de même que le centre de la circonférence ou de la sphère est de tous côtés entouré par la circonférence ou par la sphère et qu'il ne peut ni se trouver à l'extérieur, ni sortir de leur enceinte, ni s'écarter en quelque coin, de même l'ouvrage divin est de toutes parts entouré et contenu par Dieu comme par une circonférence ou une sphère infinie, de sorte qu'il ne peut ni se trouver à l'extérieur, ni être prélevé sur l'être de Dieu, ni échapper à l'orbe divine ; il est en effet, on l'a dit, environné par Dieu, stabilisé par lui, porté par lui. Il est placé et repose en sa source et se tient dans le jaillissement dont il est issu. Jamais il ne s'écarte de son principe ; Dieu est sa terre natale, sa véritable demeure, son bienheureux séjour, apportant

---

1. Le centre et la circonférence de la sphère infinie sont les deux extrêmes dont la coïncidence peut être considérée comme une approche mystique de l'être suressentiel. Cf. *Ars oppositorum*, cap. XIII, XIV, XV (notre édition, Paris, Vrin, 1984) ; *Divinae caliginis liber,* cap. V (Lugduni, Ant. Blanchard, 1526).

2. Il ne s'agit pas de géocentrisme. Placer l'univers créé au centre de la sphère infinie, c'est le dire infiniment éloigné du Créateur qui l'enferme en son cercle de feu, mais c'est faire aussi de ce point bas le lieu même de la *theiosis* par l'Incarnation.

sauvegarde, pérennité et faveur. Il est clair à partir de là que Dieu aurait pu créer une infinité de mondes[1]. Il est capable en effet d'autant de mondes qu'il y a de centres, de points, de milieux dans la sphère infinie, dont – on l'a dit – le centre est partout et la circonférence nulle part. Pourtant, dans la sphère infinie, les centres et milieux sont innombrables et infinis en acte. En vérité, tout point de la sphère infinie en est le milieu et le centre ; Dieu est donc capable d'une infinité de mondes. L'ouvrage divin tout entier en effet est en regard de Dieu comme un point infime, milieu et centre de la sphère infinie de Dieu. Et de même que les centres de toute la sphère infinie ne peuvent être dénombrés, de même sont innombrables les mondes qui peuvent être créés par Dieu, trouver en lui leur recette et leur subsistance. Nul monde, en quelque nombre qu'ils soient créés, ne saurait venir à bout de toute la substance divine, ni la couvrir, ni la remplir[2].

1. Le champ omnicentré de la sphère infinie figure l'omnipuissance divine capable de créer non pas un monde infini en acte, mais des mondes finis indéfiniment. On retrouvera le thème de la pluralité des mondes lié à celui de la sphère omnicentrée de l'univers infini chez Giordano Bruno, *De triplici minimo et mensura ad trium speculativarum scientiarum et multarum activarum artium principia*, libri V, Francofurti, Joannes Wechelus, 1591, I, 4, v. 31.

2. C'est dire la différence d'ordre, appréhendée avant d'être thématisée, entre l'infini potentiel et l'infini actuel.

Vaste est en effet la maison du Seigneur – chante l'Écriture[1] – immense le lieu qu'elle occupe. Elle est vaste et sans limite, aussi large qu'élevée. Et dans la maison du Père céleste nombreuses sont les demeures et les appartements n'en sont jamais remplis.

---

1. Cf. *Jean*, XIV, 2.

Chapitre VIII

Des inférences affirmatives et négatives entre
dieu et le néant

Le néant est inférieur à l'ensemble des êtres et extérieur à tous, comme Dieu leur est supérieur et les transcende.

Dieu est le sommet de tout ; tout ce qui lui est inférieur est né de lui. En dessous de toutes choses et hors de la chaîne des êtres reste le néant. Le néant est ténèbres et négation de ce qui, sur quelque mode que ce soit, possède réalité et subsistance. Tout ce qui en effet possède être et subsistance touche de quelque manière à Dieu et l'approche, en ayant commune raison et participation avec son être et sa substance. Ce qui n'est en aucune façon s'éloigne infiniment de Dieu, n'est lié à lui par aucune ressemblance ni uni à lui par aucune raison.

De toutes choses Dieu est la nécessité suprême, la créature est possible, le néant est impossible.

Dieu est la nécessité suprême, cause première et détachée de tout, dont tout procède et qui conserve tout, sans quoi rien ne peut être sauvegardé ni n'a pu être fait. La nécessité suprême est en effet celle qui est requise de la subsistance et conservation de tout : elle peut en vérité être par elle-même sans le reste des choses, celles-ci en revanche sans elle n'ont pas la moindre chance d'exister. Dieu toujours fut dans l'être, jamais dans le non-être ; toujours il sera dans l'être. Toute créature en revanche est possible, mais aucune d'elles n'est nécessaire ni impossible ; elle n'est pas nécessaire en effet, puisqu'elle aurait pu ne pas être, fut un jour inexistante, n'a dépendu d'aucune nécessité mais du seul vouloir divin, a été produite à l'être. Elle n'est pas impossible, puisqu'elle a pu être et qu'elle est venue ensuite à l'être, elle qui auparavant n'était pas. De même en effet qu'il est prouvé par le vouloir divin que la créature est non pas nécessaire mais contingente et possible, de même il est prouvé par la puissance divine qu'elle n'était pas impossible mais possible, puisque Dieu l'a pu créer et qu'un jour il l'a réalisée. Le néant en revanche qui est en dessous de tous les êtres et qui n'est pas un être, nous l'estimons impossible[1]. Tout simplement il n'est pas un être mais infiniment non-être, lui qui ne vient jamais à l'être ni n'est jamais entièrement résorbé. Si en effet il était porté à l'être, son être serait infini en acte tout en étant extérieur à Dieu et séparé de lui, ce que nous estimons tout à fait absurde et contraire à la raison.

VOULOIR DIVIN	FAIT LA PREUVE	QUE LA CRÉATURE	N'EST PAS NÉCESSAIRE	MAIS CONTINGENTE
POUVOIR DIVIN	FAIT LA PREUVE	QUE LA CRÉATURE	N'EST PAS IMPOSSIBLE	MAIS POSSIBLE

De même que Dieu est toujours dans l'être, de même le néant est toujours dans le non-être ; la créature en revanche est tantôt dans l'être tantôt dans le non-être.

Durant l'éternité tout entière, Dieu est dans l'être, tandis que le néant est dans le non-être ; au cours de la première

---

1. Le recours à la catégorie de la modalité fait apparaître que le néant ici considéré est un *nihil negativum* et non point un *nihil privativum*, car en aucune façon il ne saurait prétendre à l'être.

époque de l'éternité les créatures furent dans le non-être, tandis que par la suite elles naquirent dans le temps et furent toutes produites à l'être. La plupart d'entre elles, purement sensibles, périssent dans le temps ; d'autres en revanche de nature intellectuelle – comme les anges, les âmes raisonnables et à cause d'elles les hommes – sont toutes immortelles, destinées à l'époque à venir et sans fin, devant toujours persister dans l'être.

DIEU	TOUJOURS	EST	
DIEU	JAMAIS		N'EST PAS
LA CRÉATURE	PARFOIS	EST	
LA CRÉATURE	PARFOIS		N'EST PAS
LE NÉANT	TOUJOURS		N'EST PAS
LE NÉANT	JAMAIS	N'EST	

Dieu est donc toujours dans l'être. Le néant est toujours dans le non-être. Les créatures en revanche sont changeantes, tantôt dans l'être, tantôt dans le non-être. Dieu et le néant sont les extrêmes, simples et immuables ; les créatures les moyens, elles qui sont changeantes et soumises à fluctuations.

Entre Dieu et le néant surviennent les mêmes consé-quences et inférences réciproques qu'entre le nécessaire et l'impossible.

Dieu est en effet, comme on l'a dit, la plus haute nécessité, tandis que le néant est impossible lui qui n'a aucun pouvoir de parvenir à l'être. Le néant est en effet un non-être immense et infini en acte, aussi dépourvu d'être que Dieu en est pourvu. Il est en revanche impossible à Dieu de produire en dehors de lui-même un être qui lui soit égal c'est-à-dire infini, étant donné que tout infini est conjoint et consubstantiel à tout infini[1]. De Dieu au néant surviennent donc les déductions, inductions et inférences réciproques qui existent entre le nécessaire et l'impossible, à savoir que le nécessaire est prouvé à partir de toute chose c'est-à-dire est conclu de n'importe quoi, tandis que l'impossible prouve l'univers et tout ce qui vient en conséquence de l'impossible[2].

À partir de toutes choses est prouvé Dieu, à partir du néant l'univers.

Si en effet on prouve et établit d'une chose qu'elle est une créature, il est nécessaire que l'essence divine en accompagne l'essence, et l'on induira de l'existence de la créature celle de Dieu, étant donné que la créature ne peut être sans Dieu. Et ce n'est pas seulement à partir de la créature, c'est aussi à partir du néant que l'existence de Dieu est légitimement établie et prouvée. De même que nous disons à juste titre : l'homme est donc Dieu existe, de même à non moins juste titre nous disons : le néant existe donc l'homme et Dieu existent. L'existence du possible entraîne celle du nécessaire ; l'existence de l'impossible entraîne celle du possible et du nécessaire. Le possible sert d'antécédent au nécessaire, l'impossible au possible et au nécessaire. Le nécessaire est inféré à partir du possible et de l'impossible, le possible à partir de l'impossible. En effet si Dieu est prouvé à partir de toutes choses et l'ensemble des choses à partir du néant, Dieu assurément est prouvé à partir du

---

1. *Cf.* p. xx, n.xx.
2. Le contingent suppose le nécessaire, le néant n'est pensable qu'à partir de l'être, le fini qu'à partir de l'infini.

néant. Tout ce qui en effet procède du conséquent procède a fortiori de son antécédent.

ANTÉCÉDENTS	MOYENS	CONSÉQUENTS
EST IMPOSSIBLE	EST POSSIBLE	EST NÉCESSAIRE
LE NON-ÊTRE EST	L'HOMME EST	DIEU EST
LE NÉCESSAIRE N'EST PAS	LE POSSIBLE N'EST PAS	L'IMPOSSIBLE N'EST PAS
DIEU N'EST PAS	L'HOMME N'EST PAS	LE NÉANT N'EST PAS

Ainsi donc nous développons et déroulons le syllogisme : si le néant existe, toutes choses sont ; si toutes choses sont, Dieu existe ; donc si le néant existe, Dieu existe. Si en effet ce qui n'a nulle potentialité de passer à l'être subsiste, subsiste aussi ce dont l'essence est possible, a fortiori ce dont l'essence est la suprême nécessité.

À partir de Dieu on infirme l'univers, à partir de l'univers on infirme le néant.

Voici le renversement négatif et destructeur de la précédente démarche : de Dieu par toutes choses jusqu'au néant. De même en effet qu'en posant le néant pour principe et en passant par toutes choses nous avons été légitimement conduits jusqu'à Dieu, de même en sens inverse détruisant tout à partir de Dieu en passant convenablement par toutes choses nous faisons retour au néant, de telle sorte que si l'univers n'existe pas le néant n'existe pas non plus et si Dieu n'existe pas aucune chose n'est ni ne subsiste. C'est pourquoi si Dieu n'est pas, le néant n'est pas ; si le possible n'est pas, l'impossible n'est pas ; si le nécessaire n'est pas, le possible n'est pas. En conséquence si le nécessaire n'est pas, l'impossible n'est pas. Si en effet ce qui est possible n'est pas un être, ce qui est impossible ne sera pas un être, et si ce qui possède l'être en nécessité ne subsiste pas du tout, tant le possible que l'impossible ne sauraient subsister.

ANTÉCÉDENTS	MOYENS	CONSÉQUENTS
DIEU N'EST PAS	L'UNIVERS N'EST PAS	LE NÉANT N'EST PAS
LE NÉCESSAIRE N'EST PAS	LE POSSIBLE N'EST PAS	L'IMPOSSIBLE N'EST PAS

De Dieu à l'univers et au néant, la conséquence est vaine ; inversement du néant à l'univers et à Dieu, la conséquence est saine.

Des deux raisonnements précédents, celui-ci suit en toute clarté. En effet si Dieu existe, il ne s'ensuit pas nécessairement que l'univers ou que le néant existent ; si l'univers existe ce n'est pas pour cela que le néant doit exister. Si le néant n'existe pas, il n'est pas pour cela nécessaire que l'univers n'existe pas ou que Dieu n'existe pas. Et si l'univers n'existe pas, il n'est pas pour autant nécessaire que Dieu n'existe pas, puisque Dieu peut exister seul, sans l'univers ni le néant. Et l'univers peut subsister sans le néant. Il en résulte que Dieu prouvé ne fonde rien dans l'être, ni l'univers, ni le néant, mais que la négation de Dieu emporte l'univers[1]. Semblablement le néant emporté et nié n'ôte rien, n'ôte en effet ni Dieu ni l'univers. Donc ne raisonne pas correctement celui qui dit : Dieu existe donc l'univers et le néant existe, non plus que celui qui dit : l'univers existe donc le néant existe.

---

1. Ce qui est par soi n'a pas besoin de ce qui est par autrui ; ce qui est par autrui remonte de proche en proche à ce qui est par soi.

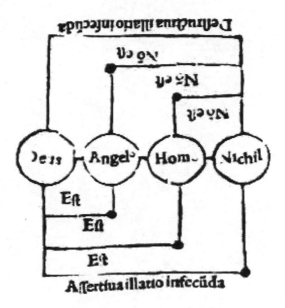

Ou bien, en retournant le raisonnement, le néant n'existe pas donc l'univers n'existe pas et Dieu n'existe pas. Ou bien l'univers n'existe pas, donc Dieu n'existe pas. Aussi de Dieu au néant il y a quatre inférences, deux saines selon lesquelles de l'affirmation du néant on tire l'univers ou de la négation de Dieu on tire la négation de l'univers, deux vaines car de l'affirmation de Dieu on ne saurait rien déduire, de la négation du néant et du non-être on ne saurait inférer la négation ou la suppression de quoi que ce soit.

Chapitre ix

À suivre l'ordre de la nature, les inférences
entre dieu et le néant sont inversées

*De Dieu dépendent toutes choses, du néant aucune : Dieu
est cause de tout, le néant cause de rien.*

Dieu est le principe et la source de toutes choses, il en est la
cause efficiente et productrice, lui qui est de toutes choses
l'être naturel et substantiel et qui à toutes se donne
surabondamment en partage. Le néant en revanche n'est
l'origine de rien ; cause efficiente et productrice de rien, il ne
donne l'être à rien. Il ne peut donner en effet ce qu'il n'a pas. Il
est non-être dépourvu de tout être et pour cela il n'a rien produit
à l'être[1].

*Dieu est l'être et l'affirmation de toutes choses, le néant en
est le non-être et la négation.*

Dieu en effet a porté toutes choses à l'être, à toutes il a
donné l'être à profusion ; à partir de la négation et du défaut
d'être originel il a tiré du néant toutes choses pour les porter à
l'être. Le néant en revanche n'est rien d'autre que ce qui est
totalement dépourvu de subsistance, lui qui n'est pas un être et

1. L'ordre des matières inverse l'ordre des raisons, car si celui-ci remonte
du contingent au nécessaire, celui-là suit l'ordre de génération de toutes choses
à partir de leur principe. L'exposé doctrinal ne suit pas le même chemin que la
démarche de foi.

ne peut y prétendre, qui ne possède aucune puissance d'être, qui n'est, ni ne fut, ni ne sera et qui ne peut venir à l'être. Il est en effet absolue et ultime négation[1] de toute subsistance.

Il en résulte que dans l'ordre de la nature toutes les inférences entre Dieu et le néant se trouvent inversées.

D'après ce qui précède, Dieu est le fondement, l'instauration, la base de l'univers, c'est-à-dire l'être de l'ensemble, la cause, l'être ultime et radical de toutes choses. Le néant par contre n'est pas le fondement, l'instauration, la base de rien ; de toutes choses il est la négation, le non-être, le défaut. En conséquence, devrait s'accorder avec l'ordre de la nature le raisonnement affirmatif concluant de l'existence de Dieu à celle de l'univers. Il devrait en être de même pour le raisonnement négatif infirmant l'univers à partir du néant. Pourtant – comme nous l'avons montré dans le chapitre précédent – l'un et l'autre raisonnement contredisent à l'ordre de la nature. À partir de Dieu en effet nulle chose n'est affirmée ni posée dans l'être, à partir du néant en revanche toutes choses sont posées ou déduites[2]. Inversement toutes choses sont niées

1. Dans son souci de poser l'univocité de la notion de néant, Bovelles ne distingue privation et négation que pour faire de celle-ci le dernier degré de celle-là, alors qu'il conviendrait de ne point confondre le *nihil privativum* qui est toujours relatif à un *ens positivum* et fonction d'un obstacle, ainsi le froid, la nuit, le mal selon Augustin, la mort selon le christianisme, et le *nihil negativum* ou pur néant.

2. Cette inférence du néant à l'être veut suivre l'ordre même de la création dont le *terminus a quo* est le néant et le *terminus ad quem* l'accomplissement de toutes choses en Dieu (cf. *De sapiente*, cap. XLIV, *op. cit.*). L'inférence en revanche du contingent à partir du nécessaire, autrement dit de la créature à partir du Créateur ne saurait présenter aucune nécessité, à moins que d'oublier cette contingence même du créer et de subvertir le créationisme en émanatisme.

à partir de Dieu qui est leur fondement naturel. À partir du néant en revanche on peut inférer l'existence de toutes choses, bien que le néant ne soit rien, la négation de toutes choses, le non-être. À partir de l'affirmation on supprime tout, à partir de la négation on fonde tout. L'affirmation ne fonde rien, la négation affirme tout. Si l'on dit que Dieu n'existe pas, aucune chose ne peut être, mais si le néant existe, toutes choses demeurent. Si en revanche Dieu existe, il n'est pas du tout nécessaire que quelque chose d'autre soit, et si le néant n'existe pas, il ne s'ensuit pas nécessairement qu'il n'y ait rien. Niée l'affirmation ôte tout, affirmée elle ne pose rien.

Dieu n'est pas	L'univers n'est pas	Correct
Le néant est	L'univers est	Correct
Dieu est	L'univers est	Incorrect
Le néant n'est pas	L'univers n'est pas	Incorrect

Affirmée et fondée dans l'être, la négation en revanche fonde tout ; ôtée elle ôte et détruit le néant. Sont donc inversées toutes les inférences entre Dieu et le néant selon l'ordre de la nature, qui fait tout dépendre de Dieu et qui veut que toutes choses aient été posées et établies dans l'être par l'affirmation et le décret de Dieu.

Il en résulte encore que l'être de Dieu est très fécond selon l'ordre de la nature, mais infécond selon l'ordre du discours.

La nature et la logique, la réalité et l'entendement, la chose et le discours procèdent en sens opposé[1]. Selon la nature en

---

1. Si Dieu est origine surabondante de toute réalité, il ne saurait appartenir au discours de déduire l'existence des créatures de l'affirmation de la toute puissance divine, car cette déduction conférerait de manière indue, aux

effet, l'être de Dieu est cause de tout être, il a produit dans sa réalité, engendré et fondé toute chose en son être. De cette manière tout être est, selon l'ordre naturel, inféré et conclu de l'être de Dieu. C'est parce que Dieu était que toutes choses vinrent à l'être, furent produites et jaillirent dans la réalité à partir de la source divine et, si Dieu n'avait existé, assurément aucune chose n'aurait été. Du néant par contre, selon l'ordre de la réalité ou de la nature, aucun être n'est né, car il n'en a de lui-même produit ni engendré aucun. En revanche selon l'ordre du discours et du syllogisme, que nous affirmions ou que nous nions toutes choses, nous inversons l'ordre de la nature et faisons l'être divin infécond selon l'ordre du raisonnement et fécond au contraire l'être du néant c'est-à-dire du non-être. En effet selon l'ordre du discours et du syllogisme toute réalité est inférée, conclue et établie à partir de la supposition du néant et non-être. Si en effet l'on suppose l'existence du néant ou non-être, aussitôt toutes choses doivent être fondées en réalité. L'être divin en revanche qui, selon la nature, a engendré toute réalité, ne produit rien selon l'ordre de l'entendement et du discours.

L'être De Dieu	Selon La nature	est fécond	selon la raison	Infécond
L'être du néant	Selon la nature	Est infécond	Selon la raison	fécond

Si l'on dit en effet que Dieu existe, l'on ne pourra en déduire légitimement la réalité de toutes choses. L'être de Dieu

---

créatures un caractère de nécessité et contredirait ainsi à l'omnipotence de Dieu. Non seulement Bovelles entend rejeter toute forme d'émanatisme, mais il veut aussi se démarquer du nécessitarisme tant de Maître Eckhart, dont il est si proche sur d'autres points, que de Jean Wicleff.

qui, selon l'ordre naturel, est toute fécondité, selon l'ordre de l'entendement et du discours est infécond. Le néant en revanche, infécond selon la nature, s'avère très fécond selon le discours[1].

---

1. Dépendant du bon vouloir de Dieu, la production des créatures est absolument gratuite. Bovelles pouvait se référer aux textes du Concile œcuménique de Florence qui, tenu de 1438 à 1445 en présence des pères grecs Michel d'Ephèse et le cardinal Bessarion, avait mis l'accent sur cette gratuité : «Quando voluit, bonitate sua universas, tam spirituales quam corporales, condidit creaturas : bonas quidem quia a summo bono factae sunt, sed mutabiles, quia de nihilo factae sunt, nullamque mali asserit esse naturam, quia omnis natura, in quantum natura est, bona est» (Mansi J.D., *Sacrorum conciliorum collectio*, XXXI, p. 1735).

CHAPITRE X

DE LA FORCE DE L'AFFIRMATION ET DE LA NÉGATION À PARTIR DE DIEU ET À PARTIR DU NÉANT

Dans l'inférence selon la nature, Dieu précède toutes choses ; selon l'ordre du discours il n'en précède aucune. En revanche le néant n'en précède aucune selon l'ordre naturel mais les précède toutes selon l'ordre du discours.

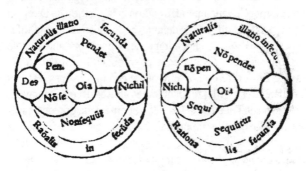

Selon la nature en effet et de par la création, tout être procède de l'être de Dieu. Dans l'entendement en revanche et selon la nécessité du raisonnement, nul être n'est fondé dans son être à partir de l'être divin. Le néant par contre, puisqu'il n'est cause de rien, ne prouve par nature aucun être ni n'en précède aucun ; selon le raisonnement cependant, du néant on peut tout inférer. Si en effet possède l'être ce qui est impossible et ce qui a le moins de chance d'être, doivent être a fortiori les possibles qui ont puissance d'être. Dieu donc, selon la nature, est le premier principe [1] et de lui tout est inféré et déduit.

DE DIEU	SELON LA NATURE	PROCÈDE	TOUT	SELON LA RAISON	RIEN
DU NÉANT	SELON LA NATURE	PROCÈDE	RIEN	SELON LA RAISON	TOUT

L'affirmation est plus forte quand elle se fonde sur la négation, tout comme la négation quand elle part de l'affirmation.

Selon la nature Dieu est l'affirmation et la position véritable de toutes choses, le néant leur négation et leur suppression. Cependant l'affirmation et la position de Dieu, on l'a dit, sont selon l'entendement et le raisonnement, infécondes et vaines, n'engendrant rien ni ne portant aucune conséquence. En revanche la position et l'affirmation du néant, c'est-à-dire du non-être ou de ce qui n'est pas, est très féconde et très fertile, fondant toutes choses. Réciproquement la négation de Dieu est, selon l'entendement, de grande conséquence, puisqu'elle supprime et efface tout ce qui est. La négation en revanche de ce qui n'est pas demeure inféconde, puisqu'elle ne supprime rien. La négation de l'affirmation est donc plus forte et plus féconde que celle de la négation ; de même la position de la négation est plus forte que celle de l'affirmation. La négation de l'affirmation est en effet négation de tout, l'affirmation de la négation est position de tout.

---

1. Au sens strictement logique de point de départ d'un raisonnement.

La position de l'affirmation est position de l'affirmation seulement ; la négation de la négation[1] ne supprime que la négation.

Dieu, on l'a dit, est l'affirmation même, et le néant ou non-être la négation même. L'existence de Dieu fonde son existence à lui seul ; l'inexistence du néant supprime le néant seulement. L'inexistence de Dieu supprime toute chose ; l'existence du néant ou non-être fonde celle de toute chose. Poser Dieu c'est donc, selon la raison, ne poser que Dieu. Nier le non-être c'est dénier et supprimer seulement le néant.

Par Dieu d'une seule façon toutes choses sont ôtées, qui sont fondées sur lui de nombreuses façons ; par ce qui n'est pas en revanche de maintes façons toutes choses sont niées qui se tiennent et reposent sur lui d'une seule façon.

Dans le raisonnement seul et selon la seule négation, l'univers est par Dieu effacé et nié. Nous l'avons dit, si Dieu n'existe pas, il n'y a rien. Si en revanche Dieu existe, à cause de cela, il n'est que Dieu qui soit, et rien d'autre ne saurait être. Par contre, si le néant n'existe pas, il n'y a aucune nécessité pour autant que quelque chose ne soit pas, mais si le néant existe, l'on en déduit aussitôt que toutes choses sont. Pour que donc toutes choses soient dites purement et simplement ne pas exister, il faut connoter Dieu négativement. La force de la négation s'étendra immédiatement à toutes choses, annihilera, détruira, effacera toutes choses. Et si on veut à partir de Dieu établir toutes choses et les inférer en raisonnant, on n'y

---

1. L'expression *negatio negationis* n'a pas ici la valeur dialectique qu'elle revêt déjà chez Maître Eckhart, *Expositiones in Johannem*, Die Lateinischen Werke, Stuttgart, 1936, t.III, p. 175.

parviendra pas par une seule affirmation, mais on aura besoin d'autant d'affirmations qu'il y a d'êtres que l'on aura à fonder dans l'être[1].

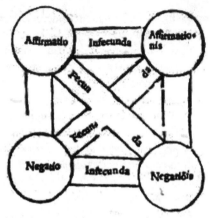

De vrai, les êtres supérieurs et premiers par nature peuvent chacun exister et subsister sans les êtres qui leur sont inférieurs et qui viennent après. Chaque affirmation en effet en parcourant l'ordre descendant de l'échelle, n'établit dans l'être que ce à quoi elle se joint[2]. Dès que l'on dit que Dieu n'existe pas, dès que Dieu est biffé par la négation, cette unique et simple négation suffit à anéantir et à effacer l'ange, la matière et l'homme. Mais dès que l'on affirme que Dieu existe, on en infère qu'il n'existe que Dieu. L'ange, la matière, l'homme,

---

1. L'être créé, en sa contingence, est essentiellement multiple. Rendre raison de son existence supposerait la connaissance de l'innombrable multiplicité des décrets divins.

2. Si la démarche anagogique (cf. *De Sapiente*, cap. XXXIV *sq.*, *op. cit.*) obéit à une nécessité, la démarche descendante est en revanche tâtonnante et aléatoire, en raison de la contingence des créatures.

bref tout ce qui subsiste, ont besoin chacun de leur position propre, pour être fondés dans l'être. De même par l'affirmation qui établit dans l'être le néant et le non-être, on démontre aussitôt et de façon irréfutable que l'univers existe. La force de cette affirmation en effet qui a été ajoutée au non-être et au néant ou qui établit le néant dans l'être, passe aussitôt par tous les êtres et conduit à Dieu, concluant par raisonnement syllogistique à la réalité de tous les êtres intermédiaires et de Dieu même. La négation en revanche que l'on ajoute au néant ou par laquelle on le détruit, en reste au néant, sans supprimer ni effacer autre chose que le néant. Il est besoin d'autres négations (en aussi grand nombre qu'il y a d'êtres au-dessus du néant), pour que de négation en destruction on soit conduit jusqu'à Dieu et pour que l'on dise par une première négation que le néant n'est pas, par une seconde que l'homme n'est pas, par une troisième que l'ange n'est pas, par une dernière que Dieu n'est pas.

Il en résulte que le mouvement de l'affirmation selon la nature est inférence vers le haut et celui de la négation inférence vers le bas.

De même que dans l'antithétique – qu'on appelle situation de contrariété –[1] tout corps, transporté d'un mouvement violent en un lieu opposé, se jette brusquement et d'un mouvement naturel aussi rapidement que possible en son lieu

---

1. La comparaison est bien choisie, puisqu'elle fait référence à un univers où le négatif est affaire d'opposition, donc de position, c'est-à-dire d'affirmation. On retrouverait cela dans la conception leibnitienne de l'antitypie, que Kant justement critiquera dans l'*Essai pour introduire en philosophie le concept de grandeur négative*. Pour la notion d'antithétique, voir *Ars oppositorum*, cap. VI, *op. cit.*

propre et naturel, et qu'en revanche il ne s'arrache à son lieu
naturel que lentement et sous l'objet d'une force étrangère et
violente, de même en est-il de l'affirmation et de la négation.
Le lieu naturel de l'affirmation est en effet en haut à savoir en
Dieu, tandis que celui de la négation est en bas, à savoir dans le
néant et le non-être. Donc de même que le feu, s'il est placé en
bas à savoir sur la terre, à l'instant par sa seule force et selon
son mouvement naturel le plus simple s'élèvera promptement
par les éléments intermédiaires jusqu'à la voûte du ciel son lieu
naturel, tandis que la terre, occupant contre sa nature le
sommet, rejoindra aussitôt par force naturelle à travers les
mêmes éléments intermédiaires son lieu bas et central et s'y
maintiendra selon sa nature, de même l'affirmation placée en
bas (comme si elle était adjointe au néant et au non-être)
aussitôt et de sa seule force par tous les êtres intermédiaires ira
du néant au sommet jusqu'à Dieu, posant et installant dans
l'être toutes choses. Parvenue là, elle demeure dans l'affirmation de l'être suprême, contenue immobile en lui comme en
son lieu propre et naturel. La négation en revanche, adjointe
contre sa nature à l'être suprême et installée dans le Dieu très
haut, se porte aussitôt à travers tous les êtres intermédiaires,
par simple déplacement et mouvement naturel, depuis Dieu
jusqu'à son lieu naturel, le néant, en niant toutes choses. En
effet afin d'y voir plus clair, dressons sous nos yeux l'arbre de
l'être[1] que les dialecticiens appellent ordre de la nature en ses
cinq degrés : la substance, le corps, le corps animé, l'animal et
l'homme.

---

1. Il s'agit de l'arbre de Porphyre, tel que l'a figuré Pacius, *Aristotelis
Organum*, p.9.

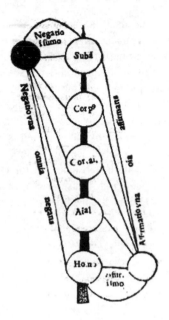

Plaçons la négation d'abord dans la substance qui occupe la position la plus élevée. Cette négation donc par sa seule force, courant par tous les intermédiaires jusqu'à l'homme, supprimera et niera l'arbre entier. De même si l'affirmation est placée en bas et adjointe à l'homme, aussitôt par une légèreté naturelle elle se portera vers le haut et y entraînera tout ce qui est contenu dans l'arbre. Et de même que le feu n'est pas facilement tiré du haut vers le bas non plus que la terre du bas vers le haut, mais qu'il y faut un surcroît de force[1], de même

---

1. L'inférence de Dieu aux créatures est aussi peu naturelle que l'orientation vers le bas de la flamme d'une chandelle. En revanche,

l'affirmation placée dans la substance ne se propage pas facilement vers le bas pour établir les choses dans l'être.

Placée dans l'homme, la négation se porte vers le haut de mille façons. Une simple négation donc, adjointe à la substance c'est-à-dire à la racine et au fondement de l'arbre tout entier, ruine et anéantit toute l'arborescence. Une simple affirmation en revanche, posée et placée en l'homme édifie l'arbre tout entier, se répandant par tous les êtres intermédiaires jusqu'au sommet de la substance. Si la même affirmation est adjointe au sommet de la substance, sa force ne parvient à aucun des êtres placés en-dessous ni ne les fonde dans l'être, mais l'arbre entier devra être réédifié en ses cinq degrés un à un.

l'affirmation du plus bas degré de l'arbre conduit naturellement, par inférences successives, au plus haut degré.

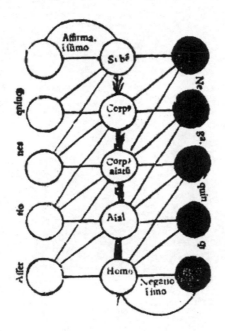

La négation, placée en l'homme, n'anéantira aucun des êtres placés au-dessus, mais cinq négations seront nécessaires, pour que soit anéanti en chacun de ses degrés, depuis l'homme placé en bas jusqu'à la substance suprême, l'arbre tout entier.

CHAPITRE XI

DE LA THÉOLOGIE AFFIRMATIVE ET NÉGATIVE

Dieu à nos yeux (selon notre mesure) brille et resplendit dans les ténèbres de deux manières, l'affirmation et la négation.

La théologie est la connaissance de la divinité, que nous la demandions aux signes sensibles ou que nous la concevions dans une méditation intérieure, ou qu'elle nous soit communiquée soit par inspiration angélique soit par infusion aux âmes saintes de l'Esprit de Dieu. Par trois manières[1] en effet nous échoit en partage la plus profonde science de Dieu : le Dieu très-haut, inaccessible aux yeux de chair, nous est révélé dans nos ténèbres ; son éclat resplendit à l'œil intérieur de notre esprit. Or la première manière de la théologie ou science de la divinité se trouve inférieure aux deux autres et plus basse qu'elles. Selon cette manière en effet l'esprit humain, sur un mode philosophique et avec l'aide de ses sens, tend à s'élever du monde sensible vers le monde intelligible ; attentif aux signes sensibles, il en tire des conjectures sur les choses intelligibles et divines[2]. La seconde manière est plus

1. On retrouvera cette distinction dans la lettre dédicatoire à Guillaume Briçonnet, que Lefèvre d'Etaples placera en tête de son édition des œuvres de Nicolas de Cues, (*In aedibus Alcensianis*, Paris, 1514).
2. Il s'agit moins d'une inférence à partir de l'ordre du monde que d'une herméneutique des signes au plan d'une théologie du *speculum Dei* ; notre introduction à l'édition du *De Sapiente*, nouvelle traduction, Paris, Vrin, 2010.

libre que la première et d'un ordre plus élevé. L'esprit en effet, recueilli en lui-même – ainsi que nous l'avons enseigné dans notre livre *De l'entendement* – après avoir butiné par le monde et les choses sensibles les espèces[1], devenu désormais maître de lui et ayant fait retour sur lui-même, se fait l'artisan de ses propres idées et devient capable de méditer en lui-même des choses, dont il n'a eu aucune sensation antérieure et auxquelles ne correspond aucune espèce, mais qui nous sont cachées et distantes de toute la hauteur du ciel. Cette seconde théologie est appelée philosophie transcendante ou métaphysique : elle est l'accomplissement de la philosophie première, engendrée et acquise avec l'aide de celle-ci. La troisième manière, celle de la science par illumination divine, est ménagée en nous par un divin transport de notre âme, une extase[2]. Cette manière l'emporte de loin sur les autres, nous l'appelons union prophétique et bienheureuse des âmes saintes avec Dieu et vision mystérieuse de Dieu. Selon les deux premières manières en effet, les âmes – comme privées du gouvernement de Dieu et frustrées de sa lumière – sont contraintes de mendier auprès du monde, à la sueur de leur front, leur pain et nourriture spirituels tout au long de leur malheureux exil[3]. Selon la troisième et dernière manière en revanche, l'esprit de Dieu soufflant où il veut – comme dit la Sainte Écriture[4] – ce n'est

1. Cf. *De Intellectu*, cap. XVI ; voir aussi *De Sapiente*, cap. XXII, *op. cit.*, p. 97. Le thème de la quête du sens à travers le sensible est inspiré de Nicolas de Cues, *De Venatione sapientiae*, Opera, *op. cit.*, fol. 201-218. La connaissance de Dieu s'effectue ici dans une réflexion de l'esprit sur lui-même, selon ce principe que le semblable connaît le semblable.

2. Bovelles développera ce thème dans le *De raptu divi Pauli libellus*, Paris, S. de Colines, 1531.

3. Dans l'esprit du néo-platonisme du *De Sapiente*.

4. Cf. *Jean*, III,8.

plus comme précédemment au prix de notre peine, ni au fil des jours ni au terme des années que nous acquérons la sainte science de Dieu mais, illuminées par la seule grâce de Dieu, les intelligences humaines reçoivent du Saint-Esprit en un instant la vérité tout entière, comme il est arrivé tant en science qu'en parole aux premiers apôtres, ces piliers monumentaux de l'Église du Christ, ainsi que l'atteste la lecture des livres saints. Ainsi, une fois laissées de côté ces deux manières de théologie et science divine, nous parlons pour le moment de la première, où le rayonnement divin – comme l'assure le saint Aréopagite – nous éclaire sous le voile de la diversité sensible et du revêtement charnel[1]. Il dit en effet qu'il n'est pas possible à l'esprit humain d'accéder à l'intelligence spirituelle des réalités célestes, sans y être induit par la ressemblance et la forme des réalités mortelles[2]. Affirmation et négation se rencontrent en ce mode de la connaissance divine lui-même partagé entre théologie affirmative et théologie négative, comme nous allons le montrer dans les propositions qui suivent.

La position comme la suppression de toutes choses sensibles et du néant lui-même sont des signes de Dieu, qu'il en soit revêtu ou qu'il en soit dépouillé.

Ce n'est pas seulement par les noms des réalités intelligibles et immédiatement proches de lui que Dieu est désigné, c'est parfois aussi par ceux des plus dissemblables –

---

1. Denys, *Des noms divins*, *op. cit.*, 913c-916c, trad. M. de Gandillac, p. 158.

2. Il s'agit de la double thématique de la ressemblance et de la dissemblance dans ce que Denys appelle *théologie symbolique*.

telles les réalités sensibles, la matière et le néant lui-même -.
Toutes choses en effet reposent en Dieu alors qu'aucune n'a
son être en lui. Tous les noms s'appliquent à lui alors qu'il est
ineffable. En toutes choses nous le cherchons alors qu'il est
introuvable et qu'il n'a pas laissé de trace – comme dit saint
Denys – pas plus que ceux qui ont eu accès à sa nuit profonde et
impénétrable[1]. On dit qu'il est tout, lui qui n'est rien de ce qui
subsiste. Nous l'appelons tour à tour être et non-être[2]. Tantôt il
est revêtu de l'imposition de toutes choses, tantôt mis à
découvert par leur suppression[3].

*La théologie affirmative, descendant de Dieu à travers
toutes choses, parvient jusqu'au néant.*

La théologie affirmative va du parfait à l'imparfait et
descend des réalités supérieures et préférables aux réalités
inférieures de moindre rang. Elle désigne d'abord Dieu en effet
par les réalités qui ont d'elles-mêmes le plus de dignité –
comme dit Denys – et élèvent leur nature plus haut à partir de la
terre[4]. Puis des parties mêmes les plus viles de la matière, elle
tire des ressemblances qui ne répugnent point à Dieu. Si en
effet la matière n'est presque rien, toute proche du non-être,

---

1. *Théologie mystique*, cap. I, 997a-1001a, trad. cit., p. 117-180.

2. Le suressentiel est l'être par excellence et, à ce titre, il refuse toute
homonymie avec les autres êtres ; aussi peut-il être dit « non-être ».

3. Voir Denys, *Des noms divins, op. cit.*, V, 10, 825b, trad. cit., p. 137.

4. *Des noms divins, op. cit.*, VII, 3, 869d, trad. cit., p. 144-145 : « C'est à
partir de cet ordre que nous découvrons en tous les êtres, parce que cet ordre fut
institué par Dieu et qu'il contient des images et des similitudes des modèles
divins, que nous nous élevons graduellement et par échelons, autant qu'il est en
notre pouvoir, jusqu'à Celui qui transcende tout être, en niant alors et en
dépassant tout attribut, comme à la Cause universelle des êtres ».

dernier degré et minimum d'être, pourtant – comme le dit saint Denys[1] – tenant sa substance du souverain bien, par toutes ses parties qu'orne quelque beauté intelligible, elle porte au-devant d'elle les images au moyen desquelles nous pouvons monter aux formes spirituelles, divines et originelles. Et non seulement la théologie affirmative roule et descend de Dieu à la matière, ultime degré de l'être, à travers toutes les réalités intermédiaires, mais elle parvient jusqu'au néant et ajoute à Dieu le nom du néant lui-même[2], proclamant en toute vérité et prononçant dans le mystère que Dieu est néant, lui dont on ne peut définir la nature et que nous ne pouvons ni mesurer ni concevoir.

La théologie négative inverse la théologie affirmative, remontant du néant à Dieu à travers la matière et tous les êtres intermédiaires.

La fin de la théologie affirmative est le commencement de la théologie négative tout entière[3]. C'est en effet de l'ultime point de chute de celle-là, que celle-ci commence à s'élever jusqu'à s'achever et conclure en Dieu. Les extrêmes de l'une et de l'autre théologie sont les mêmes, les mêmes aussi les moyens. Identique est la voie qu'elles empruntent, sur laquelle de Dieu au néant ou du néant à Dieu elles se croisent. Tout ce

---

1. *Ibid.,* IV, 28, 729a, trad. cit., p. 122 : « La matière elle-même participe à l'ordre, à la beauté et à la forme. Si la matière était entièrement privée de ces biens, étant en soi sans qualité et sans forme, comment agirait-elle, elle qui par soi ne possède même pas le pouvoir de pâtir ? »

2. Si toute créature, qui participe du néant, peut désigner Dieu, pourquoi pas le néant lui-même ?

3. Ce point d'inflexion, où le mouvement change de sens, est dans la manière de Nicolas de Cues.

qui en effet se situe entre Dieu et la matière est un être et
participe de l'essence. La matière en revanche est le dernier des
êtres, en raison de sa trop grande distance d'avec Dieu – à la
façon d'un être sur le déclin – non-être en acte, réalité
inachevée, être seulement en puissance. Le néant cependant
est en-dessous de la matière, vu qu'il n'est un être ni en acte ni
en puissance.

Or en sept degrés nous terminons et achevons la ligne
droite et l'ordre ontologique de tout ce qui est : Dieu, l'ange,
l'homme, les animaux, les plantes, les pierres, la matière en-
dessous de laquelle il y a le néant. Toutes choses sont en effet
douées soit de la capacité de connaître, soit de la vie, soit
de l'être. En outre quatre sont doués de la vue et de la
connaissance : Dieu, l'ange, l'homme et l'animal. Les plantes
ont la vie, les pierres l'être seulement. Elles sont les dernières à
posséder l'être achevé et en acte.

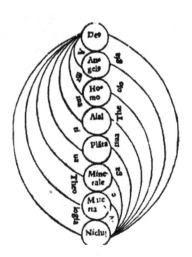

En-dessous des pierres en effet sont enclos les éléments et les mixtes imparfaits, germes de l'accomplissement des êtres, en eux-mêmes instables et voués à rapide métamorphose. La matière en revanche ni n'est un être, ni n'en est pas un, étant en puissance et non pas en acte.

Tout ce que la théologie affirmative a fondé en Dieu, la théologie négative l'a dissout et ôté.

Celui qui commande à l'univers et qui a établi toutes choses, la théologie affirmative en premier lieu l'appelle Dieu, déité qui voit tout, puis ange ou esprit, d'abord raison et cause universelle, ensuite sentiment aux multiples vagabondages. À partir de là, elle le nomme vie universelle puis le célèbre comme l'être de toutes choses. Elle le désigne enfin comme la puissance, le défaut, le commencement et le début de tout, c'est-à-dire qu'elle voit en lui le fondement de tout, la base véritable, étayant, soutenant, rassemblant, portant en lui toutes choses. Elle finit par le revêtir du nom du néant lui aussi et le lui applique, l'appelant parfois non-être, disant qu'il n'est rien, lui qui, à son apparition dans le buisson, a affirmé qu'il est l'être par excellence, celui qui est[1]. La théologie négative en revanche, se dressant en direction du haut, nie avec autant de pertinence tout ce que la théologie affirmative a posé et imputé à Dieu, en disant de Dieu qu'il n'est pas le néant d'abord, ni l'être en puissance, ni substance et mode, ni la vie, ni le sentiment, ni la raison, ni l'intelligence, ni en fin de compte

---

1. Ce mouvement récapitule toute la démarche de Denys en quête des désignations de Dieu dans *Des noms divins* : Bien, Etre, Vie, Sagesse, Force, etc… : « Aussi bien, Dieu est-il connu à la fois en toutes choses et hors de toutes choses, et Dieu est-il connu tout ensemble par mode de connaissance et par mode d'inconnaissance » (VII, 3, 872a, *op. cit.*, p. 145).

Dieu lui-même. Ainsi les affirmations relatives à Dieu commencent à partir du plus haut degré – comme le pense saint Denys –, tandis que les négations relatives à Dieu commencent à partir du plus bas degré[1]. Lorsqu'en effet, dit-il[2], nous affirmons celui qui transcende toute affirmation, il faut poser l'affirmation désignant ce qui est le plus proche de lui ; lorsqu'en revanche nous parlons négativement de ce qui passe toute négation, la négation doit s'exercer sur ce qui en est le plus éloigné. Si en vérité, dit-il encore, Dieu n'est pas plus vie et bonté qu'air et pierre, ne peut-on dire qu'il se met en colère et tonitrue plutôt que ce qu'on dit et comprend de lui ?[3]

Les négations de Dieu sont, pour notre édification, préférables aux affirmations, car elles nous portent davantage à Dieu.

Dieu est en effet simple par nature, un, sans partie, constant, impassible ; or les affirmations concernant Dieu le composent, le font changeant, divisible, passible, nous montrant Dieu sur le mode de la composition, de la division, de

---

1. *Théologie mystique*, *op. cit.*, III, 1033c : « Là où notre discours descendait du supérieur à l'inférieur, à mesure qu'il s'éloignait des hauteurs, son volume augmentait. Maintenant que nous remontons de l'inférieur au transcendant, à mesure que nous nous approcherons du sommet, le volume de nos paroles se rétrécira ». (p. 182).

2. *Ibid.* : « Pour parler affirmativement de Celui qui transcende toute affirmation, il fallait que nos hypothèses affirmatives prissent appui sur ce qui est le plus proche de lui. Mais pour parler négativement de Celui qui transcende toute négation, on commence nécessairement par nier de lui ce qui est le plus éloigné de lui » (p. 182).

3. *Ibid.* : « N'est-il pas vrai en effet qu'il est plutôt vie qu'il n'est air ou pierre et qu'on fait davantage erreur en le nommant rancunier ou coléreux qu'en le supposant exprimable ou pensable ? (p. 182).

la représentation sensible tout autrement qu'il est ; les négations de Dieu en revanche, l'ayant dépouillé de toute la diversité des choses et du voile de la nature, nous le suggèrent dans sa pureté, sa simplicité, sa nudité, tel qu'il réside au plus profond de la nuit, dans sa suréminente privation et son inconnaissance[1]. Derechef, les affirmations concernant Dieu d'une certaine façon écartent nos esprits de Dieu, et les fixent en terre étrangère au rang des créatures qui s'échelonnent entre Dieu et le néant. Il n'est pas d'affirmation de Dieu en effet qui soit Dieu même en sa vérité et qui ne comporte quelque chose des créatures. Les négations de Dieu en revanche nous arrachent aux créatures pour nous conduire à Dieu, nous portent plus haut jusqu'à lui, approchent le plus de lui. Le but de ces négations est Dieu même, en tant qu'elles fixent notre esprit en Dieu et le lui restituent[2].

Il en résulte que la plus haute et vraie théologie est l'inconnaissance de Dieu, que l'on appelle docte ignorance.

Nous avons dit plus haut que le fini et l'infini étaient différemment compris, perçus et connus par nous. Nous savons ce qu'est le fini parce que nous en avons fait le tour par notre esprit, parce que nous l'avons délimité par le calcul, le nombre et la mesure, le connaissant en sa nature et en sa quantité. L'infini en revanche ne nous est connu ni ne brille à

1. La négation s'entend ici comme négation de la détermination, donc comme négation de la négation.
2. La méthode négative n'exprime cependant que l'ultime démarche de la raison vers Dieu ; elle se fonde dans une expérience unitive elle-même transrationnelle. Il faudra attendre le *Propriae rationis liber* (1523), le *Divinae caliginis liber* (1526) et le *De raptu Pauli* (1531) pour que Bovelles lève le voile sur sa théologie mystique.

nos yeux de cette façon. Il n'est pas en effet soumis à notre esprit; aucune détermination, aucune quiddité, ni aucune mesure ne lui est appliquée par notre entendement; connaître l'infini, c'est savoir qu'il est infini, c'est-à-dire illimité, qu'il ne peut être compris ni conçu par notre esprit, qu'il n'a pas de détermination, ni de définition, ni de mesure, ni de quiddité, ni de science. Aussi la très vraie et plus haute science, que nous puissions acquérir de l'acte infini, c'est-à-dire de Dieu, est une certaine négation et inconnaissance, par laquelle nous savons qu'il ne peut être connu par notre esprit, qu'il nous est toujours caché, qu'il est toujours hors de notre esprit, qu'il en dépasse infiniment la capacité[1]. Si nous croyons le connaître, nous voilà aussitôt déçus, pour avoir considéré comme fini et à notre portée ce qui n'est défini ni délimité par aucune borne corporelle ni spirituelle[2]. Mais aussitôt que nous jugeons que nous lui sommes inférieurs et qu'il dépasse le regard trop court et trop faible de notre esprit, nous sommes alors, par le fait même de cette négation et de cette ignorance, plus proches de lui et davantage rapportés et unis à lui. Donc la très vraie, très haute et achevée théologie est celle-ci : savoir que l'on ne peut connaître Dieu, qu'il est inconnaissable, tant inaccessible au regard de notre esprit qu'invisible à nos yeux de chair, transcendant toutes choses, se cachant dans la nuit et en son

---

1. Le propos est repris par Montaigne dans l'*Apologie de Raymond Sebond* : « C'est par l'entremise de notre ignorance plus que de notre science que nous sommes savants de ce divin savoir » (Paris, P.U.F. Quadrige, éd. P. Villey, 1992, p. 500).

2. Nous pensons l'infinité de Dieu par notre impuissance à le comprendre. Bovelles reprendra le thème dans ses *Conclusiones Theologicae* : « Divinae substantiae infinitas negatione potius quam affirmatione clauditur » (IV, 32). *Cf.* aussi *Physicorum elementorum libri* (IV), où sont indicatives l'une de l'autre l'infinité divine et l'impuissance humaine.

obscurité sans fond, ineffable, inintelligible, de lui seul parfaitement connu et perçu tel qu'il est et à lui seul présent. Cette ignorance de Dieu est communément appelée par la plupart[1] docte ignorance et connaissance par excellence. Si en effet on cherche Dieu du regard – dit saint Denys – on saisit ce que l'on voit ; ce n'est pas Dieu lui-même, mais quelque chose de lui que l'on a sous les yeux, quelque chose de ce qui tombe sous notre connaissance[2]. Cependant du fait même qu'il n'est dit ni être ni être aucunement connu, son être passe tout être et sa connaissance tout esprit et toute intelligence. Cette ignorance supérieure et achevée est la véritable connaissance de ce qui dépasse tout le connaissable. En effet quand nous connaissons quelque chose qui relève de la réalité, nous savons en même temps que nous le savons. Dieu en revanche nous est inconnu, lui que nous n'embrassons, ni n'enserrons, ni ne définissons par notre science, notre raison, notre esprit. Nous savons cependant que nous ne le connaissons pas, et ce n'est que jusque là que nous nous élevons à la connaissance de Dieu. Le très sage Socrate disait en effet qu'il ne savait rien et faisait profession de ne savoir qu'une chose, qu'il ne savait rien, ce qu'il tenait pour la suprême sagesse. Ainsi la connaissance de notre ignorance de Dieu doit tenir lieu pour nous de la plus haute sagesse, de toute connaissance de Dieu et de suprême théologie. De cette manière en effet nous honorons et

1. Bovelles s'inscrit dans la tradition qui va du *Corpus Hermeticum* à Denys l'Aréopagite puis à Nicolas de Cues ; voir ce dernier *La docte ignorance*, *op. cit.*, I, I, p. 43 : « Quomodo scire est ignorare ».

2. *Des noms divins*, *op. cit.*, VII, 3, 872a, trad. fr., G. F., p. 145 : « Ce n'est pas à tort qu'on parle de Dieu et qu'on le célèbre à partir de tout être proportionnellement à tous ses effets. Mais la manière de connaître Dieu qui est la plus digne de lui, c'est de le connaître par mode d'inconnaissance ».

respectons davantage la suréminente[1] réalité de Dieu, en attestant, proclamant et divulguant par saintes négations et privations qu'elle est inconnue, cachée, impénétrable[2].

1. Le terme doit être pris au sens technique. De cette « très éminente réalité », toutes choses sont des déterminations qui nous cachent Dieu, tant que nous ne les avons pas soumises à négation.

2. Bovelles qui connaissait Plotin par les épigones (Porphyre, Proclus, Denys) avait pu lire aussi la traduction latine et le commentaire des *Ennéades* donnés par Marsile Ficin en 1492. Or on lit en *Ennéades*, V, 13-14, trad. fr., É. Bréhier : « La réalité la plus simple de toutes n'a pas la pensée d'elle-même…Elle ne se pense pas et on ne la pense pas. Comment alors parler d'elle ? – Nous pouvons en parler mais non pas l'exprimer. C'est que, sans la saisir par la connaissance, nous ne sommes pas tout à fait sans la saisir ; nous la saisissons assez pour parler d'elle, mais sans que nos paroles l'atteignent en elle-même. Nous disons ce qu'elle n'est pas, nous ne disons pas ce qu'elle est. Nous parlons d'elle en parlant des choses qui lui sont inférieures. Pourtant rien n'empêche que nous la saisissions sans l'exprimer par des paroles. De même les inspirés et les possédés voient jusqu'à un certain point qu'ils ont en eux quelque chose de plus grand qu'eux ; ils ne voient pas ce que c'est, mais de leurs mouvements et de leurs paroles ils tirent un certain sentiment de la cause qui leur a donné le branle, bien que cette cause en soit très différente ».

FIN DE L'OPUSCULE DU NÉANT

Grand merci à Dieu
qui de rien a créé
toutes choses.
Achevé en l'an de grâce 1509,
Le 26 Novembre.

TABLE DES MATIÈRES

ACHEVÉ D'IMPRIMER
EN MARS 2014
PAR L'IMPRIMERIE
DE LA MANUTENTION
À MAYENNE
FRANCE
N° 2151957H

Dépôt légal : 1er trimestre 2014